公路工程职业技能岗位培训

Gonglu Lumiangong · Chujigong

公路路面工·初级工

江苏省交通厅工程质量监督站组织编写

樊琳娟　耿　巍　主编

人民交通出版社

内 容 提 要

本书是《公路工程职业技能岗位培训教材》之一，该系列培训教材，由江苏省交通厅工程质量监督站组织编写，力求体现交通职业的特点，以岗位技能为目标，理论与实践相结合，通俗易懂，具有较强的实用性和可操作性。

本书共分8章，内容包括：绪论，路面施工测量，路面基层、垫层施工，水泥混凝土路面施工，沥青路面施工，路面养护施工，路面施工安全操作，路面工程施工资料表及填写范例。

本书为公路路面工（初级）培训教材，也可供公路工程一线施工技术人员及监理人员学习参考。

图书在版编目（CIP）数据

公路路面工·初级工／樊琳娟，耿巍主编.—北京：人民交通出版社，2008.12
公路工程职业技能岗位培训教材
ISBN 978-7-114-07453-0

Ⅰ.公… Ⅱ.①樊… ②耿… Ⅲ.公路-路面-工程施工-技术培训-教材 Ⅳ.U416.2

中国版本图书馆CIP数据核字（2008）第166711号

公路工程职业技能岗位培训教材
书　　名：公路路面工·初级工
著 作 者：樊琳娟　耿　巍
责任编辑：卢仲贤　袁　方
出版发行：人民交通出版社
地　　址：（100011）北京市朝阳区安定门外外馆斜街3号
网　　址：http://www.ccpress.com.cn
销售电话：（010）59757969，59757973
总 经 销：北京中交盛世书刊有限公司
经　　销：各地新华书店
印　　刷：廊坊市长虹印刷有限公司
开　　本：787×1092　1/16
印　　张：7.75
字　　数：180千
版　　次：2008年12月　第1版
印　　次：2008年12月　第1次印刷
书　　号：ISBN 978-7-114-07453-0
印　　数：0001~3500册
定　　价：15.00元

《公路工程职业技能岗位培训教材》

序

江苏交通工程质量水平受到国内外同行普遍称道，这是设计、施工、监理、管理等各方坚持努力的结果。工程是干出来的，业主培育施工队伍的技术能力和专业水平是江苏公路建设的一条基本经验。我认为设计是灵魂，管理是关键，而一线基层施工的从业人员的专业素质是保障工程质量的基础。交通行业贯彻科学发展观，实施节约使用资源，高效利用资源方针，必须把质量第一、精益求精，落实到每个环节、每一位建设者的手中。必须全面提高基层施工技术和管理人员的综合素质，用专业的队伍打造出高质量的工程。

立足于交通建设长远发展，要把公路建设基层从业人员的岗位技能培训作为一项基本任务来抓，通过系统培训、训练，使广大一线技术工人熟练掌握正确运用公路施工相关的技术规范、施工程序、质量要求等内容。省交通厅在广泛调研的基础上组织编写了路基工、路面工、桥梁预应力工三个工种的系列培训教材一套，每个工种分为初、中、高三个等级。这是一套针对性较强的公路工程职业技能岗位培训教材。本套教材充分研究了施工一线的技术特点，注重理论与实践相结合，通俗易懂，简明实用，具有较强的实用性和可操作性，不仅是施工技术人员上岗前的培训教材，也是公路建设监理、管理人员较好的参考书籍。希望通过大家的努力，积极推广使用本套教材，大力提高我省公路建设基层施工与管理人员的技术水平，对稳步提升工程质量水平起到积极的促进作用。

江苏省交通厅厅长 游庆仲

前　言

为了适应公路建设需要，加快公路施工一线人员的技术业务培养，确保工程建设质量；同时也为了便于基层从事公路工程建设施工和管理人员学习，江苏省交通厅工程质量监督站、南京交通职业技术学院联合组织人员编写了公路工程职业技术工种系列培训教材。本套教材是依据中华人民共和国工人技术等级标准《交通行业工人技术等级标准》，同时参照《筑路、养护工国家职业标准》的要求编写。本系列培训教材力求体现交通职业的特点，以岗位技能为目标，在文字和叙述上力求简明扼要，通俗易懂；书中的插图也尽量做到清晰、美观，便于教学和自学。本系列培训教材包括以下九个分册：《公路路基工·初级工》、《公路路基工·中级工》、《公路路基工·高级工》、《公路路面工·初级工》、《公路路面工·中级工》、《公路路面工·高级工》、《桥梁预应力工·初级工》、《桥梁预应力工·中级工》、《桥梁预应力工·高级工》。

《公路路面工·初级工》由南京交通职业技术学院樊琳娟、耿巍主编。该教材第一章、第二章、第六章由耿巍编写，第三章、第四章、第五章由樊琳娟编写，第七章由曾凡稳编写，第八章由赵伟强编写。全书由镇亦明、陈建胜主审。

编写过程中，尽管我们作了很大努力，但由于各地区差异较大，很难全面收集各单位的新技术、新材料、新工艺、新设备以及相关实用技术。加之编者水平有限，经验不足，时间紧迫，疏漏或错误之处在所难免，敬请读者批评指正，并提供详尽资料，以便修订完善。

编　者

2008.08.25

目　　录

第一章　绪　　论

学习目标

了解路面的分类及分级，熟悉路面结构组成及功能。

本章重点

路面结构图识图；路面分类及结构功能。

本章难点

各种路面结构的使用范围及功能。

在公路标准断面图 1-1 中，车辆直接行驶的部分即所谓的路面。

路面是道路的上部结构，是铺筑于路基之上由各种材料修筑而成的层状结构物，通常由两层或三层组成（见图 1-2）。路面是供汽车直接行驶之用，它与路基构成不可分离的整体。

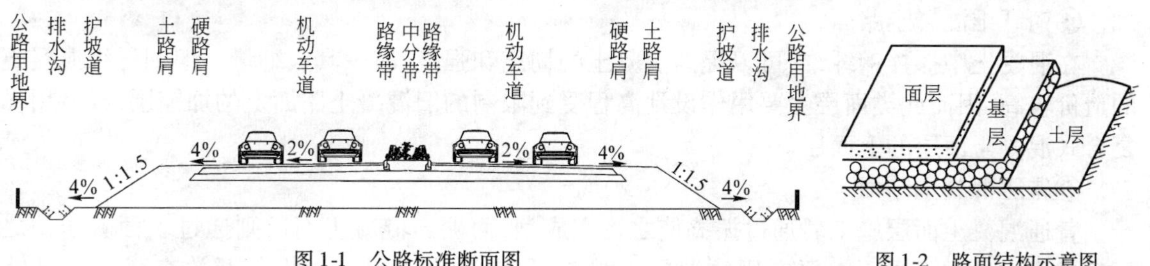

图 1-1　公路标准断面图

图 1-2　路面结构示意图

第一节　路面结构及组成

由于路面直接承受行车荷载和环境因素作用，而行车荷载和自然环境对路面的影响是随深度的增加而逐渐减弱的，因此，对路面材料的强度、抗变形能力和稳定性的要求也随深度的增加而逐渐降低。正是为了适应这一特点，路面结构通常才分层铺筑，按照使用要求、受力状况、路基（土基）支撑条件和自然因素影响程度的不同，路面结构层次的划分如图 1-3 所示。

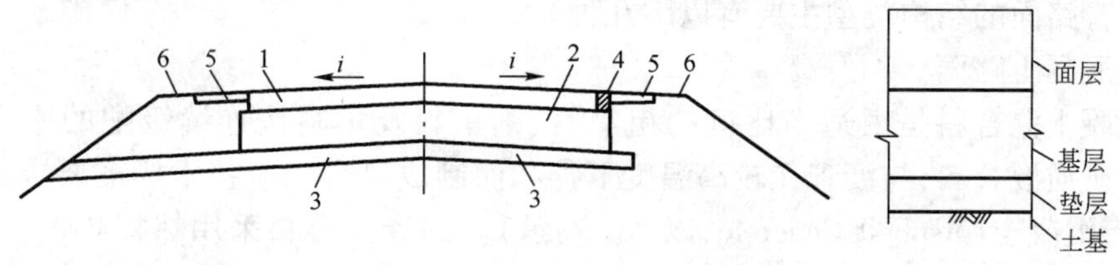

图 1-3　路面结构层次划分示意图

i-路拱横坡；1-面层；2-基层（有时包括底基层）；3-垫层；4-路缘石；5-加固路肩；6-土路肩

1. 面层

面层可由一至三层组成。应具备较高的力学强度和稳定性,同时,还应具备一定的耐磨性和不透水性。根据面层组成材料的不同,可分为下述五种类型,习惯上以面层的材料命名路面。

1)水泥混凝土路面

水泥混凝土路面具有强度高、刚度大、使用寿命长的特点,能承受较繁重的车辆荷载的作用。它可分为普通水泥混凝土路面、钢筋混凝土路面、连续配筋混凝土路面、钢纤维混凝土路面、碾压混凝土路面和预应力混凝土路面六种类型。

①普通水泥混凝土路面

普通水泥混凝土面层或称有接缝素混凝土面层,是指除接缝处和一些局部范围(如角隅、边缘或孔口周围)外,面层板内不配置钢筋的水泥混凝土面层。这是目前应用最为广泛的一种面层类型。

②钢筋混凝土路面

钢筋混凝土路面是一种为防止混凝土面层板产生的裂缝缝隙张开,而在板内配置纵向和横向钢筋的混凝土面层。这类面层,除遇特殊情况外,一般很少大范围采用。

③连续配筋混凝土路面

连续配筋混凝土路面是一种除施工缝外在路段长度内不设横缝,而配置纵向连续钢筋和横向钢筋的混凝土面层。这类面层由于钢筋用量大,造价较高,一般适用于高速公路或交通繁重的道路。

④钢纤维混凝土路面

在混凝土中掺拌钢纤维,可以提高混凝土的韧度和强度,减少其收缩量。但钢纤维混凝土的造价较高,因而此类面层主要用作设计高程受到限制的旧混凝土路面上的加铺层,或者用作复合式混凝土面层的上面层。

⑤碾压混凝土路面

普通混凝土面层施工时通过振捣使之密实成型,而碾压混凝土面层则通过表面碾压使之压实成型。这类面层不需要专用的混凝土摊铺机施工,完工后可以提前开放交通(如7d或14d),还可以通过粉煤灰掺代水泥而降低造价。

2)沥青路面

沥青路面因其良好的行车舒适性和优异的使用性能,在公路工程中得到广泛的运用。沥青路面有多种不同的结构形式,各种不同类型的沥青路面对基层材料和垫层材料的技术要求基本相似,因此,对沥青路面类型的称谓可以不必涉及基层材料的类型或垫层材料的类型,通常,主要以沥青路面面层材料的类型来称谓。当然,当需强调基层类型时,可把基层类型的名称放在沥青路面名称之前,例如半刚性基层沥青路面等。

现代沥青路面的结构类型主要有以下几种。

①沥青混凝土路面

沥青混凝土混合料是由适当比例的粗集料、细集料及填料按连续级配的原则组成符合规定级配的矿质混合料,与沥青在较高温度下拌和而制成符合相应技术标准要求的沥青混合料,简称沥青混凝土(Asphalt Concrete,以AC表示)。沥青混合料采用热拌热铺工艺在平整、稳定、满足强度要求的基层上铺筑而成的路面结构,称为沥青混凝土路面。沥青混凝土是性能优良的混合料,目前,这种混合料在我国和世界上其他国家、地区的高级路面中担当主要角色。

沥青混凝土按其矿质集料公称最大粒径分类，可分为粗粒式沥青混凝土 AC-25，其公称最大粒径为 26.5mm；中粒式沥青混凝土 AC-16 和 AC-20 两种，其公称最大粒径分别为 16mm 和 19mm；细粒式沥青混凝土 AC-10 和 AC-13 两种，其公称最大粒径分别为 9.5mm 和13.2mm，以及砂粒式沥青混凝土 AC-5，其公称最大粒径小于或等于 4.75mm。

沥青混凝土的矿料级配属连续型密级配，压实混合料空隙率相对较小。沥青混凝土按照矿料级配的 4.75mm 或 2.36mm 筛孔的通过量，可分为粗型（C 型）和细型（F 型）。在具体应用时，可根据当地气候条件、行车荷载等情况确定选型。

目前，所铺筑的沥青混凝土路面基层大部分是半刚性基层，这种结构的路面承载能力强，使用寿命长。但如设计不当、施工质量差等，仍会造成路面的过早破坏。

②沥青稳定碎石路面

沥青稳定碎石混合料是由适当比例的粗集料、细集料及少量填料与沥青拌和而成，根据级配形式可分为：密级配、半开级配和开级配三种类型，压实后的空隙率分别为 3% ~6%、6% ~12%、>18%。密级配和半开级配的沥青稳定碎石可用于沥青路面面层，也可用于路面基层；开级配的沥青稳定碎石只能用于路面排水性基层。以此混合料采用热拌热铺工艺铺筑的平整、稳定、满足强度要求的沥青路面，称之为沥青稳定碎石路面。

沥青碎石混合料中粗集料较多，细集料较少，加少量填料甚至不加，因此，施工时较容易离析，压实后混合料的空隙率波动较大。当作为次高级路面的面层时，其下应铺筑封层以防止自然降水渗入基层而导致路面破坏。

沥青碎石路面的表面纹理深度大，抗滑性能好，较多的粗集料形成嵌挤结构骨架，故路面高温稳定性好。但由于施工难度大，路面不均匀，局部空隙率很大，其耐久性则比沥青混凝土路面差。目前，沥青碎石路面是我国次高级路面中的主要路面结构形式。

③沥青玛蹄脂碎石混合料路面

沥青玛蹄脂碎石混合料（Stone Mastic Asphalt，简称 SMA），是由高含量粗集料、高含量矿粉、较大沥青用量、低含量中间粒径颗粒组成的骨架密实结构型沥青混合料。除这些常用材料种类外，沥青改性剂、纤维等也是重要的组成成分。由此混合料采用热拌热铺工艺在平整、稳定、满足强度要求的基层上铺筑而成的路面结构，称为沥青玛蹄脂碎石路面。

图 1-4　密级配 AC-16 与 SMA-16 对比图

沥青玛蹄脂碎石路面在重交通作用下有良好的抗车辙能力，这是因为高含量的粗集料在混合料中直接接触、相互嵌挤构成的骨架直接承受了荷载的作用（见图 1-4）。这种骨架对温度敏感性小，而含量较高的矿粉与沥青所形成黏聚力很高的胶凝物——玛蹄脂使得混合料的整体力学性质提高。这两方面的作用使混合料具有足够的竖向与侧向约束，导致在车辆荷载的作用下，不产生或只产生微小的永久性变形，具有抗滑、耐磨、密实耐久、抗疲劳、抗高温车辙等性能。沥青玛蹄脂碎石路面可作为高速公路、一级公路的高级路面。沥青玛蹄脂碎石混合料用作沥青面层的上面层材料时，其厚度一般为 3 ~4.5cm。

④灌注式半刚性沥青路面

灌注式半刚性沥青路面(Semi-Flexible Pavement 或称 Rut-Proof Pavement),也称水泥灌浆沥青混合料路面。这种路面是先摊铺、压实多孔隙的沥青混合料,然后将流动性很大的水泥砂浆灌入到沥青混合料空隙中,凝结硬化后形成兼有柔性与刚性的路面结构。

半刚性沥青面层除具有刚性与柔性之外,与普通沥青路面相比,它有较高的高温稳定性,属于无车辙路面。这一方面是由于半刚性面层中水泥砂浆或水泥灌浆的存在,增大了材料的骨架组成部分,减小了对温度敏感的沥青材料部分的相对比例;另一方面也是由于面层颜色的变浅,减小了路面的吸热速度,使其内部温度低于普通沥青路面的温度。与水泥混凝土路面相比,半刚性面层的集料含量相对较多,故其面层胀缩系数大大降低。其次,由于内部含有一定空隙率,面层可少设或不设缩缝,这样大大提高了行车的舒适性。半刚性面层的颜色浅,有利于夜间行车。

⑤多孔隙沥青混合料路面

多孔隙沥青混合料路面,在美国,称作开级配磨耗层(Open-Graded Asphalt Friction Course,简称 OGFC),欧洲称为多孔隙沥青(Porous Asphalt)或排水层(Drainage Course),日本则称为排水性路面(Drainage Pavement)。虽然称呼稍有不同,但均指的是由大空隙率的沥青混合料经热拌热铺形成的路面结构,这种路面结构能迅速从面层内部排走路表雨水,具有防滑、降低噪声等功能(见图 1-5)。当对此种路面主要强调其降低噪声功能时,则这种路面又可称为低噪声沥青混合料路面;当对此种路面主要强调其表面排水功能时,则这种路面又可称为透水性沥青混合料路面。

⑥乳化沥青碎石路面

乳化沥青碎石(Emulsified-Asphalt Macadam)路面,是使用乳化沥青作为结合料与粗集料、细集料及少量填料(或不加填料),按照适当比例配制,满足级配要求的矿质集料拌和而成的沥青混合料,通过冷拌冷铺将此混合料铺筑在满足要求的基层上所形成的路面结构。混合料的级配与沥青碎石混合料相同,压实后混合料的残留空隙率在 10% 以上,但结合料为乳化沥青。乳化沥青碎石混合料铺筑后,其中的乳化沥青水分蒸发后形成的路面,就具有一定的使用功能。

⑦高性能沥青路面(Superpave)

Superpave 是英文 Superior Performing Asphalt Pavement 的缩写,意为高性能沥青路面(见图 1-6)。Superpave 是美国公路战略研究计划(SHRP,1987 ~ 1993)的重要研究成果之一。项目 1993 年完成后,美国联邦公路局(FHWA)会同美国各州公路与运输工作者协会(AASHTO)以及美国运输研究委员会(TRB)进行了大量的工作,以推广应用 Superpave 技术。

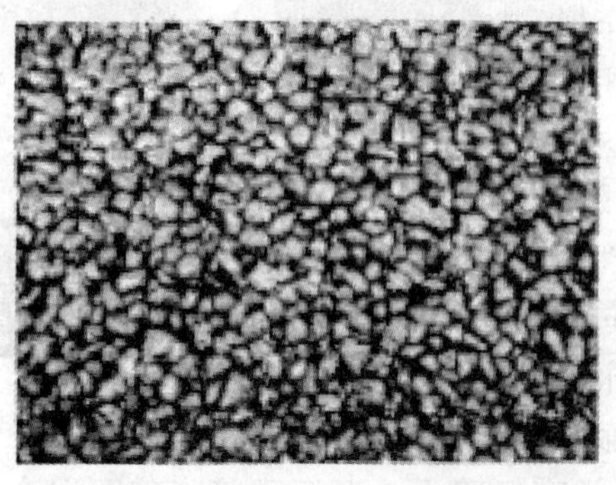

图 1-5　多孔隙沥青混合料路面

图 1-6　高性能沥青路面

1995 年江苏省交通科学研究院率先引进 Superpave 技术，引起了公路界人士的关注，自2000 年第一条试验路以来，超过 1000 万吨Superpave设计的混合料铺筑在 1000 多公里的高速公路上。目前，全国有 40 余套 Superpave 胶结料试验设备，80 余台 Superpave 旋转压实机，为进一步应用 Superpave 技术奠定了物质基础。目前 Superpave 技术在国内的应用已日益广泛。

3）粒料路面

以土作为结合料的各种碎石或砾石混合料，如泥灰结碎石和级配碎（砾）石、粒料改善土等。其顶面宜设置砂土磨耗层和松散保护层。这类面层只能承受中等和轻交道，属中级和低级路面。

4）块料路面

由水泥混凝土嵌锁式块料，整齐或半整齐块石、其他材料块料铺筑而成。面层下需铺设薄砂垫层，以调节砌块高度，形成块料间的嵌挤作用。这类面层能承受较重的荷载，但平整度较差。

5）复合式路面

由水泥混凝土（贫水泥混凝土或经济混凝土）做下面层，沥青混合料或水泥混凝土做上面层组成。这类路面综合了水泥混凝土强度高、刚度大、使用寿命长和沥青混凝土舒适性好、便于修补的长处，是一种经久耐用的优质面层。

2．基层

基层设置在面层之下，与面层共同将车轮荷载的反复作用传递到底基层、垫层和土基中。因此，对基层材料的要求是应具有足够的抗压强度、密度、耐久性和应力扩散能力（即应有较好的板体性）。由于基层不直接与车轮接触，故一般对基层材料的耐磨性不予严格要求。基层受自然因素的影响虽不如面层强烈，但仍应有足够的水稳定性，以防基层湿软后变形大，从而导致面层损坏。水泥混凝土面层下的基层则还应具有足够的耐冲刷性。

基层的类型主要有以下几种。

(1)半刚性基层（无机结合料稳定类）

①水泥稳定类：水泥稳定砂砾、砂、砾石、碎石土、未筛分碎石、石屑、土等。

②石灰稳定类：石灰稳定土、砂砾土、碎石土，以及用石灰土稳定级配砂砾、级配碎石和矿渣等。

③工业废渣稳定类：

石灰粉煤灰（二灰）类：二灰、二灰土、二灰砂、二灰砂砾、二灰碎石、二灰矿渣等。

水泥粉煤灰类：水泥粉煤灰稳定砂砾、碎石、砂等。

石灰煤渣类：石灰煤渣、石灰煤渣土、石灰粉渣碎石、石灰煤渣砂砾、石灰煤渣矿渣、石灰煤渣碎石土等。

(2)柔性基层

柔性基层主要指沥青稳定粒料基层和粒料基层。

沥青稳定粒料基层，有沥青稳定碎石、沥青稳定砾石基层等。

粒料基层包括：

①嵌锁型：有泥结碎石、泥灰结碎石、填细碎石基层等。

②级配型：有级配碎石、级配砾石、符合级配的天然砂砾、部分砾石经轧制掺配而成的级配砾（碎）石基层。

(3)刚性基层

刚性基层有贫水泥混凝土基层和碾压混凝土基层。

起承重作用的基层有时选用二层,其下面一层称作底基层。对底基层材料(包括集料和结合料)的要求可低于基层。设置的目的在于分担承重作用以减薄上基层厚度,并充分利用地方材料。

3. 垫层

垫层位于底基层和土基之间,它的主要作用是加强土基、改善基层的工作条件。垫层通常是为蓄水、排水、隔热、防冻等目的而设置的,所以一般设在路基处于潮湿和过湿以及有冰冻翻浆的路段。在地下水位较高地区铺设的能起隔水作用的垫层称隔离层;在冰冻较深地区铺设的能起防冻作用的垫层称防冻层。

垫层材料的强度要求不一定高,但其水稳定性要好。常用的垫层材料:一类是由松散的颗粒材料,如砂、砾石、炉渣等组成的透水性垫层;另一类是水泥或石灰稳定土等稳定类垫层。

各类路面各结构层次可选用的组成材料,如表 1-1 所示。

各类路面各结构层次可选用的组成材料 表 1-1

<table>
<tr><th rowspan="2">结构层次</th><th colspan="5">路面类型</th></tr>
<tr><th>沥青路面</th><th>水泥混凝土路面</th><th>复合式路面</th><th>块料路面</th><th>粒料路面</th></tr>
<tr><td>面层</td><td>沥青混凝土、沥青稳定碎石、沥青玛蹄脂碎石(SMA)、灌注式半刚性沥青、多孔隙沥青混合料、乳化沥青碎石、沥青贯入碎石、Superpave、沥青表面处治</td><td>普通水泥混凝土、钢筋混凝土、连续配筋混凝土、钢纤维混凝土、碾压混凝土、预应力混凝土</td><td>贫混凝土或经济混凝土做下面层,水泥混凝土或沥青混合料做上面层</td><td>嵌锁式混凝土块料、整齐或半整齐块石</td><td>级配砾石或砾石、泥灰结碎石、粒料改善土等</td></tr>
<tr><td>基层</td><td colspan="4">水泥或石灰-粉煤灰稳定碎石或砾石粒料;
贫水泥混凝土和碾压混凝土;
沥青碎石、沥青贯入式;
沥青稳定碎(砾)石、水结碎石、泥灰结碎石</td><td>石灰、水泥或石灰、粉煤灰稳定土、砂砾</td></tr>
<tr><td>垫层</td><td colspan="4">水泥、石灰或石灰-粉煤灰稳定土;
碎石、砂或砂砾</td><td></td></tr>
</table>

沥青路面与水泥混凝土路面典型结构,如图 1-7 所示。

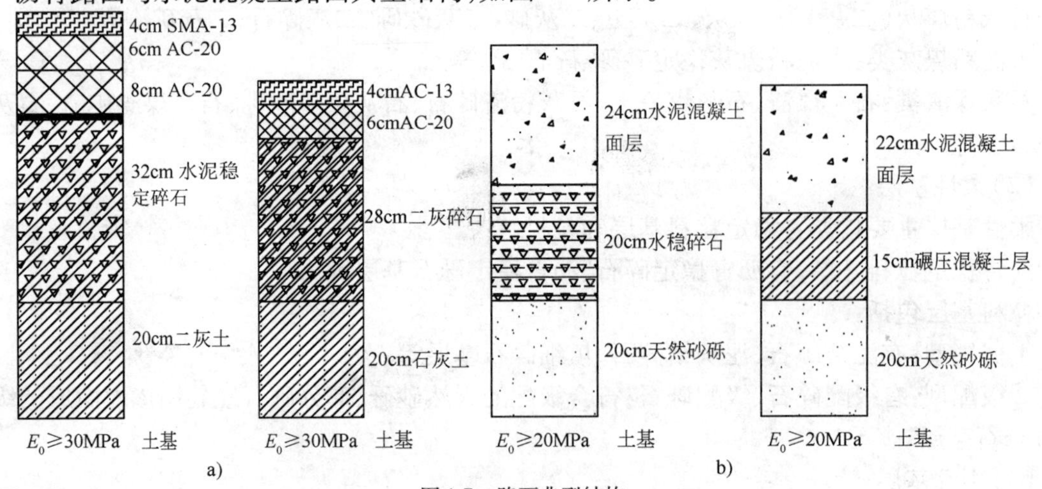

图 1-7 路面典型结构

a)沥青路面;b)水泥路面

4. 路拱

为了保证路面上雨水及时排出,防止雨水对路面的浸润和渗透而减弱路面结构强度,路面表面应做成直线形或抛物线形的路拱。等级高的路面,平整度和水稳定性较好,透水性也小,通常采用直线形路拱和较小的路拱横坡度。等级低的路面,为了有利于迅速排除路表积水,一般采用抛物线形路拱和较大的路拱横坡度。表1-2列出了各种不同类型路面的路拱平均横坡度。

各类路面的路拱平均横坡度 表1-2

路面类型	路拱平均横坡度(%)	路面类型	路拱平均横坡度(%)
沥青混凝土、水泥混凝土	1~2	碎石、砾石等粒料	2.5~3.5
其他沥青类面层、整齐石块	1.5~2.5	炉渣土、砾石土、砂粒土等	3~4
半整齐石块、不整齐石块	2~3		

选择路拱横坡度,应充分考虑有利于行车平稳和有利于横向排水两方面的要求。

5. 路面排水

设置路面排水设施的目的,是迅速地将路面范围内的水排出路基,以保证行车安全。一般公路的路面排水设施,通常由路拱坡度、路肩横坡和边沟组成。高速公路和一级公路的路面排水,一般由路面(路肩)排水、中央分隔带排水(见图1-8)组成,必要时可采用路面结构排水。

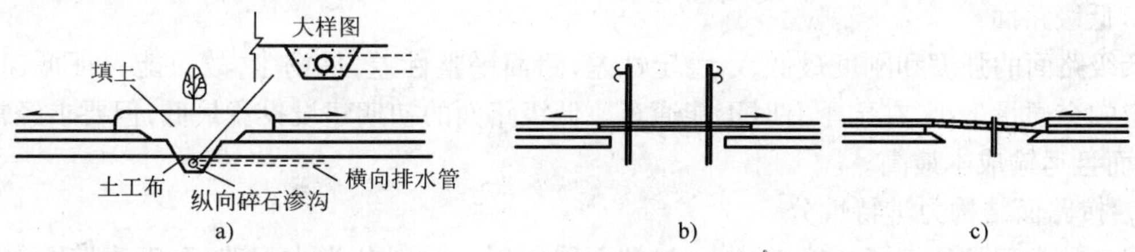

图1-8 中央分隔带排水形式

a)凸式,绿化型;b)封闭型;c)超高浅碟式侧沟

6. 路肩

行车道两侧的路肩,承受车辆的偶然停留作用,并对路面基层和垫层起侧向支承作用。路肩结构层和排水设计,应同路面结构层和排水通盘考虑。平整、坚实和不透水的路肩表面,既可增加行车道的有效宽度,又可改善路面边缘部分的工作条件,延长路面的使用寿命。

对于轻交通道路,可用级配良好的砾石或碎石作为路肩面层材料。中等交通道路,则宜在路肩表面铺设沥青表面处治层。重或繁重交通的道路,宜采用沥青混合料铺面,或者采用水泥混凝土铺面,并用拉杆同行车道路面相连。

路肩横坡度一般较路面横坡大1%~2%,以利于迅速排除表面水。

第二节 路面的分类和分级

1. 按路面面层的使用品质分

通常按路面面层的使用品质、材料组成类型以及结构强度和稳定性,将路面分为以下四个等级(见表1-3)。

1)高级路面

高级路面的特点是强度高,刚度大,稳定性好,使用寿命长,能适应较繁重的交通量,路面平整无尘埃,能保证高速行车。高级路面养护费用少,运输成本低,但初期建设费用高,需要用质量高的材料来建筑。

各等级路面所具有的面层类型及其所适用的公路等级　表1-3

路面等级	面层类型	所适用的公路等级
高级路面	沥青混凝土，水泥混凝土，厂拌沥青碎石，整齐石块或条石	高速、一级、二级公路
次高级路面	沥青贯入式，路拌沥青碎（砾）石，沥青表面处治、半整齐石块	二级、三级公路
中级路面	泥结或级配碎（砾）石，（水）结碎石，不整齐石块，其他粒料	三级、四级公路
低级路面	粒料加固土，其他当地材料加固或改善土	四级公路

2）次高级路面

次高级路面与高级路面相比，刚度和强度较差，使用寿命较短，所适应的交通量较小，行车速度也较低。次高级路面的初期建设投资虽较高级路面低些，但要求定期护理，养路费用和运输成本也较高。

3）中级路面

中级路面的强度和刚度低，稳定性差，使用周期短，平整度差，易扬尘，仅能适应较小的交通量，行车速度低。中级路面的初期建设投资虽然很低，但是养护工作量大，需要经常维修和补充材料，才能延长使用寿命，运输成本也高。

4）低级路面

低级路面的强度和刚度最低，水稳定性差，路面平整性差，易扬尘，故只能保证低速行车，所适应的交通量最小，在雨季有时不能通车。低级路面的初期建设投资最低，但要求经常养护修理，而且运输成本最高。

2. 按路面结构力学特性分

路面的类型可从不同角度来分类，如按面层所用的材料分为水泥路面、沥青路面、砂石路面等。但在工程设计中，主要从路面结构的力学特性和设计方法的相似性出发，将路面划分为柔性路面、刚性路面、半刚性路面三类。

1）柔性路面

柔性路面是指总体结构刚度较小，在车辆荷载作用下产生较大的弯沉变形，路面结构本身的抗弯拉强度较低，它通过各结构层将车辆荷载传递给土基，使土基承受较大的单位压力。柔性路面主要靠抗压、抗剪强度来承受车辆的荷载作用，其主要包括各种未经处理的粒料基层和各类沥青面层、碎（砾）石或块石面层组成的路面结构。

2）刚性路面

刚性路面主要指水泥混凝土做面层或基层的路面结构。水泥混凝土的强度高与其他筑路材料比较，它的抗弯拉强度高，并且有较高的弹性模量，故呈现出较大的刚性。

3）半刚性路面

半刚性路面用水泥、石灰等无机结合料处治的土或碎（砾）石，及含有水硬性结合料的工业废渣修筑的基层，在前期具有柔性路面的力学性质，后期的强度和刚度均有较大幅度地增长但仍小于水泥混凝土。由于这种材料的刚性处于柔性路面与刚性路面之间，因此把该基层和铺筑在它上面的沥青面层统称为半刚性路面。这种基层称为半刚性基层。在设计中，半刚性基层仍按柔性路面进行设计。

半刚性基层的显著特点是：整体性强、承载力高、刚度大、水稳性好，而且较为经济。高等级公路越来越多地采用半刚性基层。

在我国,半刚性材料已广泛用于修建高等级公路路面基层和底基层。表1-4列出了国内几条高等级公路半刚性基层路面的使用情况。

我国高等级公路采用的半刚性基层路面结构 表1-4

公路名称	面层类型与厚度(cm)	基层类型与厚度(cm)	底基层类型与厚度(cm)
西安—铜川一级公路	4中粒式沥青混凝土+8沥青碎石	18二灰砾石	30二灰土
西安—临潼高速公路	4中粒式沥青混凝土+5粗粒式沥青混凝土+6沥青碎石	20二灰砂砾	20二灰土
广州—佛山高速公路	4中粒式沥青混凝土+5粗粒式沥青混凝土+6沥青碎石	20、25、26水泥稳定石屑	31、32、34、37水泥稳定砂土 28、34、37水泥稳定土
沈阳—大连高速公路	4中粒式沥青混凝土+8沥青碎石	18水泥稳定砂砾	15~39天然级配砂砾
沈阳—大连高速公路	4中粒式沥青混凝土+5粗粒式沥青混凝土+6沥青碎石	20水泥稳定砂砾	15~35级配砂砾
西安—宝鸡一级公路	4中粒式沥青混凝土+8粗粒式沥青碎石+0.7沥青石屑下封层	20二灰砂砾	20~25二灰土
上海—嘉定高速公路	3防滑表层+6粗粒式沥青混凝土+8沥青贯入式	49三灰碎石	
北京—塘沽高速公路	12~15(20~25)沥青层	20~25水泥稳定粒料	25~35石灰土、石灰水泥或二灰
上海—南京高速公路	4中粒式沥青混凝土+6粗粒式沥青混凝土+6沥青碎石	18~40二灰碎石	17~33二灰土或30~41二灰土

思考题

1. 什么叫路面?
2. 路面结构层一般分为几层?每个结构层应该具有什么功能?
3. 路面面层根据材料不同,可分为哪几类?
4. 基层按照刚度不同,可分为哪几类?各有什么特点?
5. 路面是如何进行分类和分级的?

第二章　路面施工测量

学习目标

了解路面测量的任务，熟悉水准测量及直线段放样。

本章重点

相关测量器具的使用方法；水准测量及放样。

本章难点

水准测量操作及计算；路线放样操作及计算。

第一节　底基层、基层、面层施工测量概述

规范规定，当每一分项、分部工程完成时，应按批准的设计图纸、设计文件、技术规范的要求，对施工质量进行中间检查。

当路基工程基本完工后，经由施工单位会同施工监理人员，按设计文件要求对路基中线、高程、宽度、边坡坡度等检验合格后方可进行底基层铺筑。

当底基层基本完工后，经检查验收合格，方可进行基层铺筑；当基层基本完工后，经检查验收，方可进行路面层铺筑。

由“路面横断面结构图”可知，路面结构自下而上为路基、底基层、基层和路面层。其中路基是公路工程的重要组成部分，是公路工程的基础，承受由路面传来的荷载。经检查验收合格的路基，在质量上已符合设计要求、质量标准以及规范的规定，它决定着公路工程的外貌形状、纵向坡度、横向坡度和路宽。路基以上各结构层的铺筑施工都是在路基基础上用不同填料加高而已。从这一观点来说，路基以上的路面各结构层的施工测量的主要任务，包括如下几个方面。

(1)控制路线外形尺寸，满足路基以上各结构层的平面位置设计要求。

(2)控制路线纵断面高程、横断面高程(横坡度)、结构层厚度、路面平整度，满足路基以上各结构层的高程位置设计要求。

概言之，底基层、基层和面层的施工测量与检测，就是控制这些层面的平面位置和高程，使之满足设计文件、技术规范的质量技术要求。

第二节　路面施工测量的准备工作

1. 测量仪器和工具

在路面施工测量中，常用到的仪器与工具有：水准仪、塔尺、钢尺、全站仪或经纬仪配合测距仪等。其主要用来测量高程与距离。

1）量距工具及距离测量

（1）钢尺

钢尺又称为钢卷尺（见图2-1），是用优质钢加工制成的带状尺，宽度约10～15mm，厚度约0.4mm，常用的长度有20m、30m、50m。钢尺可以卷放在圆形的尺壳内，也可卷放在金属的尺架上。

钢尺的基本分划为厘米，最小分划值为毫米，每厘米、每分米及每米处均有数字注记，如图2-2所示。根据钢尺零点位置的不同，钢尺可分为端点尺和刻线尺两种。钢尺的最外端作为尺子零点的称为端点尺，尺子零点位于钢尺的起点一端刻一横线处称为刻线尺。

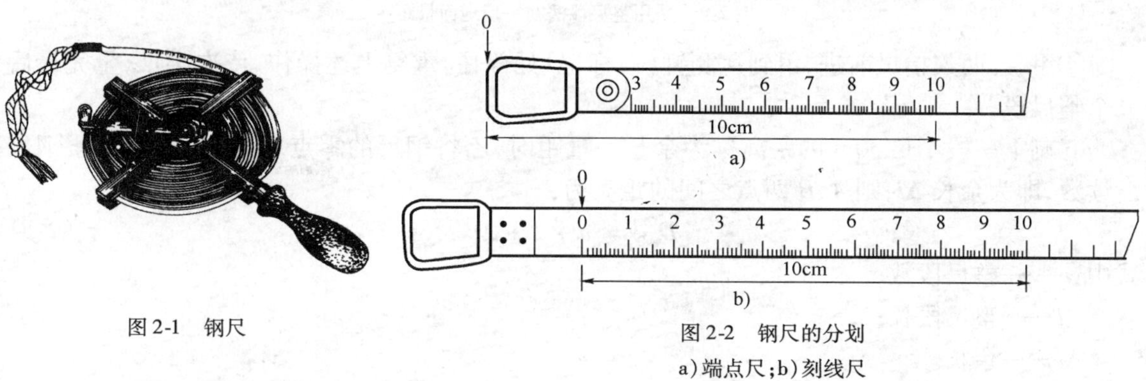

图2-1　钢尺

图2-2　钢尺的分划

a）端点尺；b）刻线尺

（2）花杆、测钎和垂球

花杆［见图2-3a）］又称为标杆，有木制花杆和铝合金花杆两种，长度2m或3m，截面直径为3～4cm，杆上按20cm间隔涂上红白相间的油漆，杆底部装有圆锥形的铁脚。在距离测量工作中，花杆主要用来标点和定线。

测钎［见图2-3b）］由粗铁丝制成，长度为30～40cm，上端弯成环行，下端磨尖，一般以6根或11根为一组，穿在一个大铁环上。在距离测量中，测钎主要用来标定尺段端点的位置和计算所丈量的整尺段数。

垂球［见图2-3c）］是距离丈量的附属工具。它主要用来对点、标点和投点。

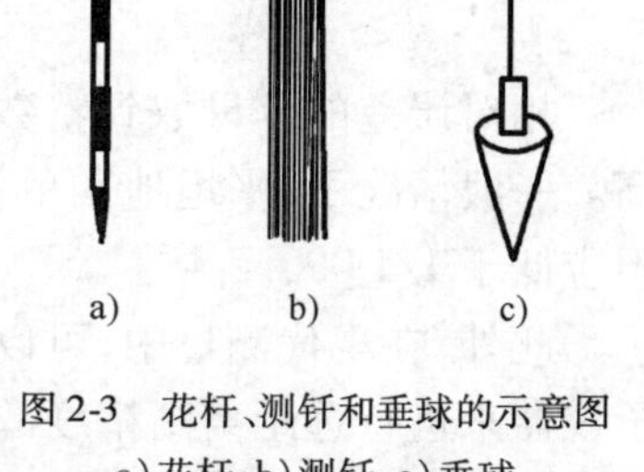

图2-3　花杆、测钎和垂球的示意图

a）花杆；b）测钎；c）垂球

（3）一般钢尺量距

在一般钢尺量距工作中，直线定线与尺段量距是同时进行的，量距时一般需要三个人，分别担任前尺手、后尺手及记录工作。在地势起伏较大的地区量距时，还应增加辅助人员。测量的方法随地面情况不同而有所不同。

平坦地面的量距，一般采用整尺段法。为了防止错误和提高测量精度，一般要求进行往返测。如图2-4所示，要测量A、B两点间的距离，如以30m为一整尺段，其测量方法如下。

①按直线定线方法进行直线定线。

②后尺手（甲）拿着钢尺的末端位于直线的起点A，前尺手（乙）拿着钢尺的零点一端沿直线方向前进，将钢尺通过定线时的中间点，保证A、B两点在钢尺的同一侧通过。

③甲、乙拉紧钢尺后，甲把钢尺的末端30m刻画处对在A点并喊“预备”，当钢尺拉稳、拉平后喊“好”，乙在听到“好”的同时，把测钎对准钢尺零点刻划处垂直插入地面（或做上标记），这样就完成了第一整尺段的量距。

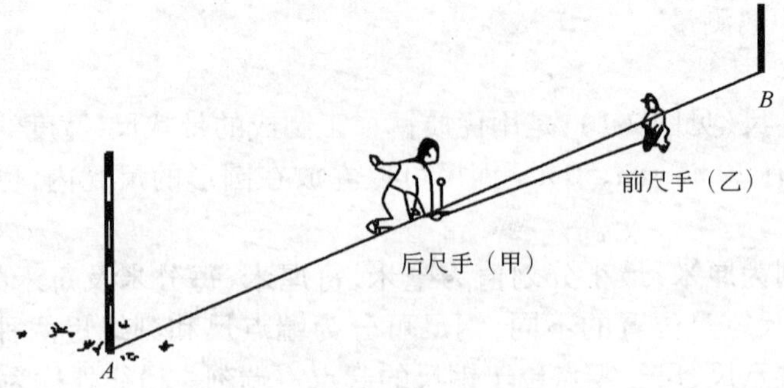

图 2-4　采用整尺段法在平坦地面量距

④甲、乙两人抬尺前进，甲到达测钎（或标记）处停住，重复上述操作，依次类推，量完最后一个整尺段。

⑤剩下一段不足 30m 的距离称为余长。量距时，乙将钢尺的零点对准 B 点，甲拉紧钢尺后读数，即为余长 Δl，则 A、B 两点之间的距离为：

$$D_{AB} = n \times l + \Delta l \tag{2-1}$$

式中：n——整尺段数；

l——整尺段长；

Δl——余长。

以上步骤称为往测。重复上述步骤，由 B 到 A 进行量距，称为返测。在符合精度的情况下，取往返量距结果的平均值作为最终量距结果，即：

$$D = (D_{往} + D_{返})/2 \tag{2-2}$$

量距的精度是用相对误差 K 来衡量的，它以往返量距的差值 $\Delta D = D_{往} - D_{返}$ 的绝对值与往返量距长度的平均值 D 的比值，并且用分子为 1 的分数形式来表示，即：

$$K = \frac{|\Delta D|}{D} = \frac{1}{D/|\Delta D|} \tag{2-3}$$

相对误差的分母取到整数位，分母愈大，说明量距的精度愈高。一般情况下，平坦地面的量距精度应不低于 1/2 000，山区不应低于 1/1 000。

此外，在现代测量中，可以利用全站仪或红外线测距仪等电子仪器来进行远距离高精度的距离测量。

2）高程测量仪器、工具及使用

在路面工程中，高程测量即水准测量。水准测量所使用的仪器为水准仪，工具为水准尺和尺垫。

（1）水准尺和尺垫

水准尺是用干燥优质木材、铝材或玻璃钢制成，长度有 2m、3m、5m，根据它们的构造又可分为直尺、折尺和塔尺，如图 2-5 所示。直尺和塔尺中又有单面分划和双面分划两种。

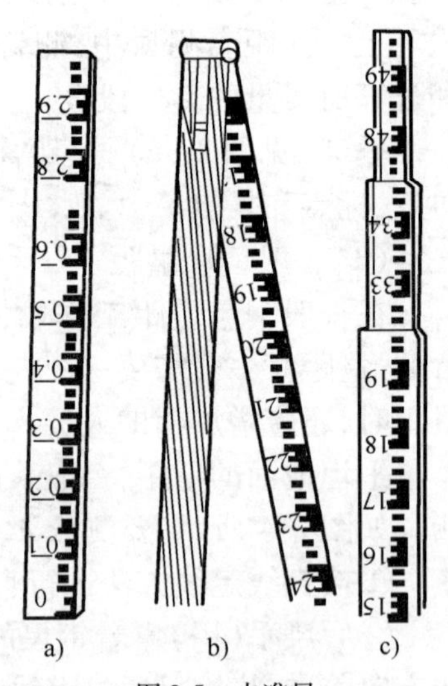

图 2-5　水准尺

a）直尺；b）折尺；c）塔尺

水准尺的尺面每隔 1cm 有黑白或红白相间的分划，每分米处注有数字，数字有正写的和倒写的两种，分别与水准仪的正像望远镜或倒像望远镜相配合。水准尺的两个尺面分别用黑、红色注记的称为双面水准尺。黑白分划的称为黑面尺；红白分划的称为红面尺。黑面尺的尺底是从零开始，红面尺的尺底是从

4 687mm 或 4 787mm 开始，4 687mm 或 4 787mm 称为尺常数。

塔尺一般由三节尺身套接而成，长度可达 5m，单面刻划。塔尺携带方便，但连接处常会产生误差，一般用于精度较低的水准测量。

在水准测量时，常需要设置转点。为防止观测过程中尺子下沉而影响准确读数，应在转点处放一尺垫，如图 2-6 所示。尺垫为三角形的铸铁制成，下面有三个尖脚，以便踩入土中，使它稳定。上面有一突起的半球形，水准尺立于球顶，尺底仅接触球顶最高的一点。

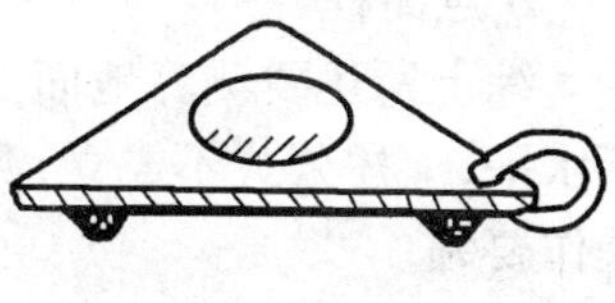

图 2-6 尺垫

(2) 水准仪的构造

水准仪按其精度分为 DS_{05}、DS_1、DS_3、DS_{10} 几个型号。“D”和“S”是“大地”和“水准仪”的汉语拼音的第一个字母，其下标的数值表示每千米水准测量的误差，以毫米计。在水准仪的系列中，DS_{05}、DS_1 型水准仪一般称为精密水准仪；DS_3、DS_{10} 型水准仪一般称为工程水准仪或称为普通水准仪。各等级水准仪的基本结构大致相同，但是仪器的技术参数是不相同的，等级愈高，要求愈严格。

水准仪主要由望远镜、水准管和基座三个部分组成。图 2-7 所示为 DS_3 型水准仪。

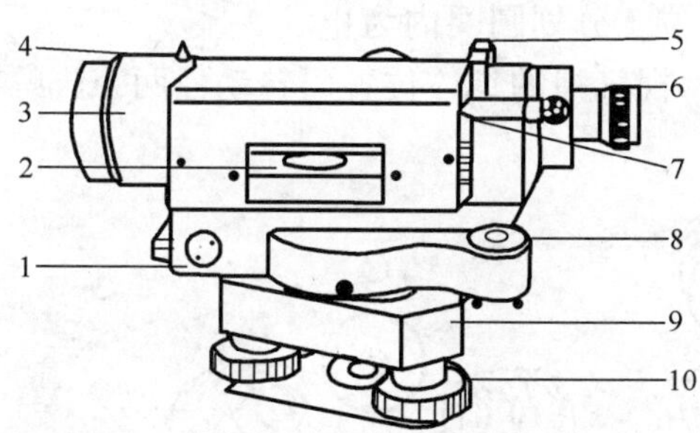

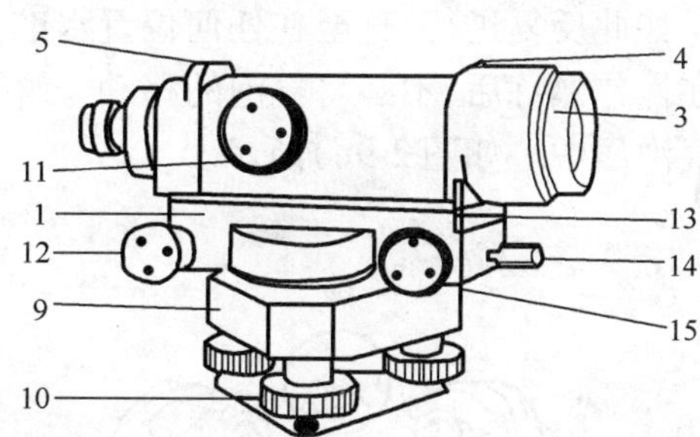

图 2-7 DS_3 型水准仪

1-托架；2-符合水准管；3-物镜；4-准星；5-照门；6-望远镜目镜；7-符合水准气泡望远镜；8-圆水准器；9-基座；10-脚螺旋；11-物镜调焦螺旋；12-微倾螺旋；13-簧片；14-制动螺旋；15-微动螺旋

(3) 水准测量

①水准测量原理

水准测量的基本测法是：在图 2-8 中，已知 A 点的高程为 H_A，只要能测出 A 点至 B 点的高程之差，简称高差 h_{AB}。则 B 点的高程 H_B 就可用下式计算求得：

$$H_B = H_A + h_{AB} \tag{2-4}$$

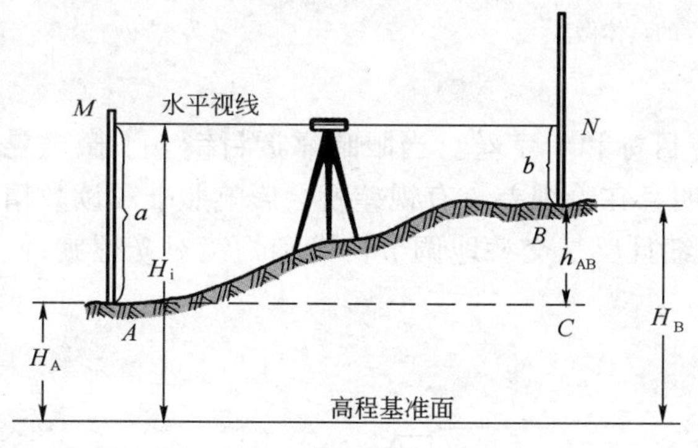

图 2-8 水准测量原理示意图

用水准测量方法测定高差 h_{AB} 的原理，如图 2-8 所示。测量时，在 A、B 两点上竖立水准尺，并在 A、B 两点之间安置一架可以得到水平视线的仪器即水准仪。设水准仪的水平视线截在尺上的位置分别为 M、N，过 A 点作一水平线与过 B 点的竖线相交于 C。因为 BC 的高度就是 A、B 两点之间的高差 h_{AB}。所以由矩形 $MACN$ 就可以得到计算 h_{AB} 的公式：

$$h_{AB} = a - b \tag{2-5}$$

测量时，a、b 的值是用水准仪瞄准水准尺时直接读取的读数值。因为 A 点为已知高程的点，通常称为后视点，其读数 a 为后视读数，而 B 点称为前视点，其读数 b 为前视读数。即：

$$h_{AB} = 后视读数 - 前视读数$$

视线高 $$H_i = H_A + a \tag{2-6}$$

B 点高程 $$H_B = H_i - b \tag{2-7}$$

综上所述要测算地面上两点间的高差或点的高程，所依据的就是一条水平视线，如果视线不水平，上述公式不成立，测算将发生错误。因此，视线必须水平，是水准测量中要牢牢记住的操作要领。

②水准仪的技术操作

在水准仪的使用过程中，应首先打开三脚架，把架头大致水平，高度适中，踏实脚架尖后，将水准仪安放在架头上并拧紧中心螺旋。

水准仪的技术操作按以下四个步骤进行：粗平→照准→精平→读数。

a. 粗平

粗平就是通过调整脚螺旋，将圆水准器气泡居中，使仪器竖轴处于铅垂位置，视线概略水平。其具体做法是：用两手同时以相对方向分别转动任意两个脚螺旋，此时气泡移动的方向和左手大拇指旋转方向相同，如图 2-9a）所示；然后再转动第三个脚螺旋使气泡居中，如图 2-9b）所示。如此反复进行，直至在任何位置水准气泡均位于分划圆圈内为止。

在操作熟练后，不必将气泡的移动分解为两步，视气泡的具体位置而转动任两个脚螺旋直接使气泡居中。如图 2-9c）所示。

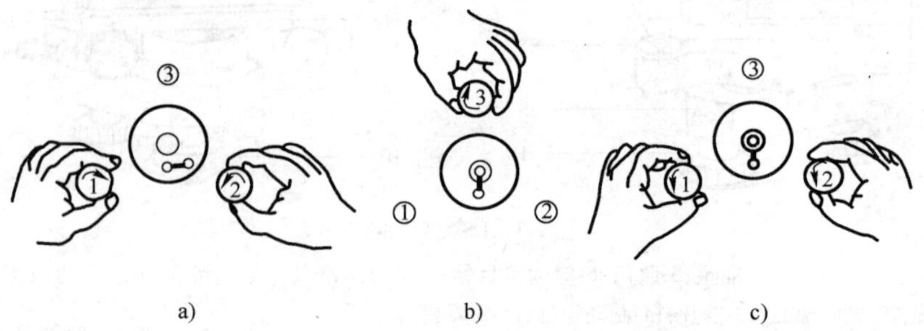

图 2-9 “粗平”的具体做法

b. 照准

照准就是用望远镜照准水准尺，清晰地看清目标和十字丝。当眼睛靠近目镜上下微微晃动时，物像随着眼睛的晃动也上下移动，这就表明存在着视差。有视差就会影响照准和读数精度，如图 2-10a）、b）所示。消除视差的方法是仔细且反复交替地调节目镜和物镜对光螺旋，使十字丝和目标影像共平面，且同时都十分清晰。

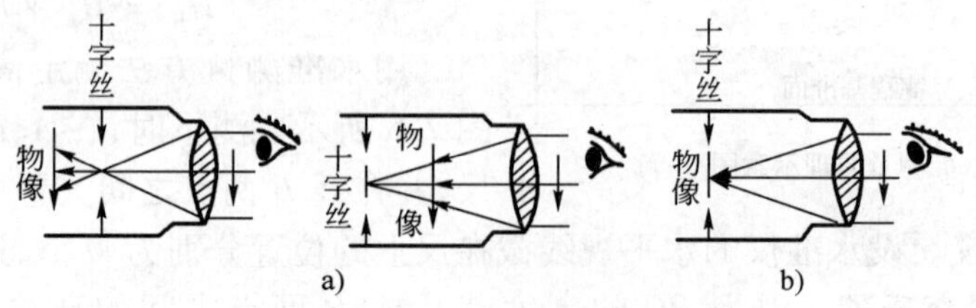

图 2-10 “照准”的具体做法

c. 精平

精平就是转动微倾螺旋将水准管气泡居中，使视线精确水平，其做法是：慢慢转动微倾螺旋，使观察窗中符合水准气泡的影像符合。左侧影像移动的方向与右手大拇指转动方向相同。由于气泡影像移动有惯性，在转动微倾螺旋时要慢、稳、轻、速度不宜太快。

必须指出的是：具有微倾螺旋的水准仪精平后，竖轴不是严格铅垂的。当望远境由一个目标（后视）转瞄另一目标（前视）时，气泡不一定完全符合，还必须注意重新再精平，直到水准管气泡完全符合，才能读数。

d. 读数

读数就是在视线水平时，用望远镜十字丝的横丝在尺上读数，如图 2-11 所示。读数前要认清水准尺的刻划特征，成像要清晰稳定。为了保证读数的准确性，读数时要按由小到大的方向，先估读 mm 数，再读出 m、dm、cm 数。读数前务必检查水准气泡影像是否符合好，以保证在水平视线上读取数值。还要特别注意不要错读单位和发生漏零现象。

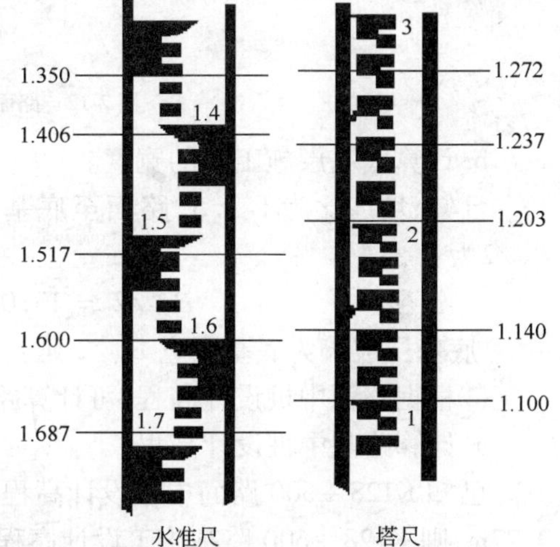

图 2-11 读数的具体做法

2. 资料准备

1）设计图

（1）路面横断面结构图（路面结构图）。

（2）路线纵断面图。

2）已知成果收集（与路基施工测量员交接）

（1）施工段导线点成果表及实地勘察。

（2）施工段水准点成果表及实地勘察。

（3）直线曲线及转角表。

（4）逐桩坐标表。

3）施工放样数据准备

（1）准备施工段中桩、左右边桩坐标放样数据表（即线路平面位置放样设计坐标表）。

由于路面结构层是垂直投影，所以各结构层中桩的 x、y 值相等，而边桩 x、y 坐标值则由于各结构层的路宽不同而不在同一位置，所以路面各结构层的边桩 x、y 坐标要分别计算，这一点在计算施工边桩的平面位置时应特别注意。

各结构层中桩至边桩的宽度，可以从路面结构图计算得出。详见例 1-1。

（2）准备施工标段中桩、左右边桩高程放样数据表。

根据路面中桩设计高程，可计算路面各结构层的施工（放样）高程。

［例 1-1］ 图 2-12 是某高速公路路面横断面结构图。试计算路面各结构层施工时中桩至边桩的宽度及各结构层施工高程。

分析该图可知：主线路面结构层各层厚度及填料要求、中央分隔带宽度、路缘带宽度、行车道宽度、硬路肩宽度、土路肩宽度、路拱坡度、土路肩坡度等。

依据此图可计算：

①路面层宽度 B。

$$B=(1/2\text{ 中央分隔带}+\text{路缘带}+\text{行车道}+\text{硬路肩}+\text{土路肩})\times 2$$
$$=(1.0+0.75+7.50+3.0+0.75)\times 2=26\text{m}$$

②根据路面宽以及各结构层厚度、边坡比，可计算各结构层施工时的宽度。

a. 计算路基施工时的宽度。

由图 2-12 可知，坡度比为 1∶1.5；路面各结构层总厚为 $h=4+5+7+20+21+20=77\text{cm}$，

则路基宽度 B' 为：

$$B' = (13.00 + 0.77 \times 1.5) \times 2 = 14.155 \times 2 = 28.31\text{m}$$

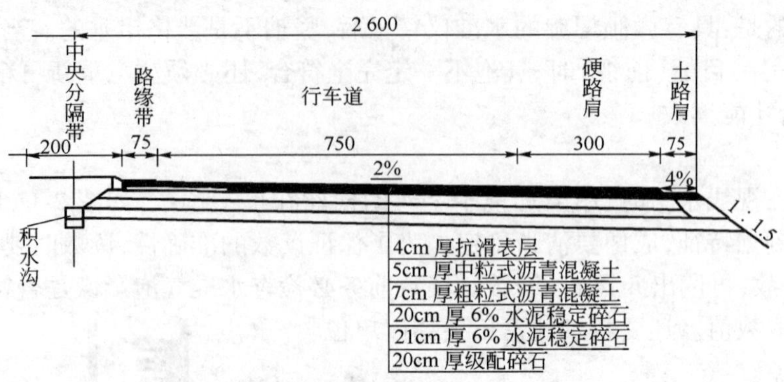

图 2-12　路面横断面结构图(尺寸单位:cm)

b. 计算底基层施工时的宽度。

已知，坡度比为 1∶1.5，路面至底基层面厚度为 $h' = 77 - 20 = 57\text{cm}$，则底基层半幅路宽 $B_{底}/2$ 为：

$$B_{底}/2 = 13.00 + 0.57 \times 1.5 = 13.855\text{m}$$

底基层坡脚为底基层宽 $B_{底}/2$ 延长：$0.2 \times 1.5 = 0.300\text{m}$

③根据路面中桩设计高程，可计算路面各结构层的施工(放样)高程。

a. 计算路基中桩设计高程。

已知 K128 + 600 路面中桩设计高程 $H_{中面} = 118.02\text{m}$，又由图 2-12 得知，路面各结构层厚 0.77m，则 K128 + 600 路基施工设计高程为：

$$H_{基} = H_{中面} - h = 118.02 - 0.77 = 117.25\text{m}$$

b. 同理，计算底基层 K128 + 600 中桩设计高程为：

$$H_{底} = H_{中面} - h' = 118.02 - 0.57 = 117.45\text{m}$$

或用 $H_{底} = H_{基}$ + 底基层厚度计算，以作校核。

$$H_{底} = 117.25 + 0.20 = 117.45\text{m}$$

第三节　路面施工测量的实施

1. 路面施工测量的外业工作

(1) 恢复中桩、左右边桩

规范要求直线段每 15 ~ 20m 设一桩，曲线段每 10 ~ 15m 设一桩，并在两侧边缘处设指示桩。施工实践中，为了更好地控制高程，方便推土机(或平地机)作业，一般情况下都是每 10m 设一桩。

(2) 进行水平测量，用明显标志标出桩位的设计高程。

(3) 严格掌握各结构层的厚度和高程，其路拱横坡应与面层一致。

2. 结构层中桩、边桩平面位置放样方法

各结构层中桩、边桩放样，实践中常采用全站仪坐标法或经纬仪配合测距仪极坐标法。

实践中，底基层所放桩位常采用竹桩(或木桩)标志；基层、面层由于其表面坚硬，在放样进行中，可先用钢钉标出其位(天气好时亦可用粉笔标出其位)，然后(在施工铺筑前)用钢钎

(用钢筋做)标志。

路面层施工,对于设有中央分隔带的,在放样时可一并放出中央分隔带边桩,也可在放出中桩、边桩后,在中、边桩连线上用皮尺(基层、面层应用钢卷尺)量距法加设中央分隔带边桩。

放样实践中,在线路直线段通常只放出每隔 20m 的中桩位置,至于中间 10m 桩位及边桩则要另外重新加桩(即人工放桩)。

在曲线段通常只放出每隔 20m 的中桩和每隔 20m 一侧的边桩,至于中间 10m 桩和另一侧的边桩则需重新加桩(即人工放桩)。

如果遇到上述两种情况,则可按下述方法操作:

1)线路直线段皮尺(或钢尺)交会法加桩

直线段皮尺(或钢尺)交会法加桩,实际上就是几何中"解直角三角形"。我们知道,在直角三角形中三边之间的关系为:

$$a^2 + b^2 = c^2 \qquad \text{(勾股定理)}$$

式中:a——假设为线路两中桩之平距,m;

b——假设为线路中桩至边桩距离,即半幅路宽,m。

图 2-13 是 × × 高速公路中一段直线段,放样时只放出了中线每隔 20m 的桩位,如图中 K128 + 020、K128 + 040、…、K128 + 080、…,其间 10m 桩及左右边桩需自己放出。图中半幅路宽为 12.75m,可用下述方法步骤进行加桩放样。

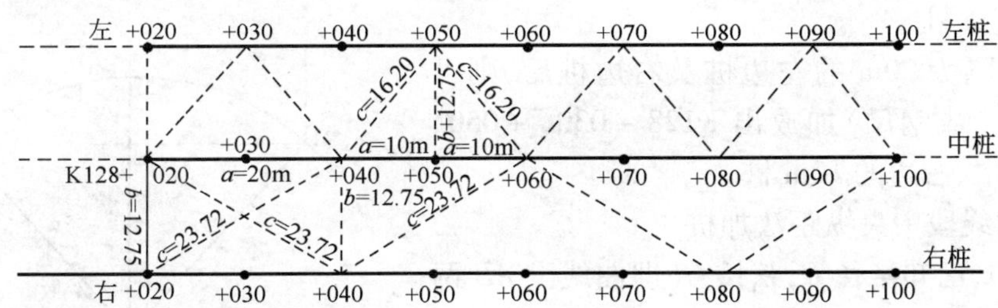

图 2-13 直线段人工放桩(尺寸单位:m)

(1)作业组织及工具材料

①作业组织:3 人,称为甲、乙、丙。

②工具材料:计算机 2 个、30m 皮尺(钢尺)、铁锤、钢钉等。

(2)计算

方法 1:令 $a = 20$m,$b = 12.75$m,则 $c = 23.72$m。

方法 2:令 $a = 10$m,$b = 12.75$m,则 $c = 16.20$m。

(3)实地放桩

①方法 1 的操作步骤(见图 2-13 右半幅)

a. 甲置尺于 +020 中桩,使尺读数为 23.72m。

b. 乙置尺于 +060 中桩,使尺读数为 23.72m。

c. 丙将两尺零端重合,套于钢钎上,手提钢钎均匀用力,同时拉紧两根皮尺(或钢尺),使甲、乙、丙构成等腰三角形,而钢钎则恰好位于两腰交点处,此时钢钎下尖端即为 +040 右边桩桩位,用竹桩标志。

d. 甲、乙、丙三人持尺同时前进,甲置尺于 +040 中桩,乙置尺于 +080 中桩,甲、乙均使尺读数为 23.72m。

e. 丙手提钢钎，均匀用力同时拉紧两根皮尺（或钢尺），则钢钎下尖端即为 +060 右边桩桩位。

f. 重复上述操作，同法放出 +080、+100、…以及左边桩 +040、+060、+080、+100、…。

g. 直线段起点，终点边桩可用下法放出：

以 K128 +020 为例：甲置尺于 +020 中桩，使尺读数为半幅路宽 12.75m；乙置尺于 +040 中桩，使尺读数为 23.72m；丙手提钢钎，两手同时均匀用力拉紧两根皮尺（或钢尺），则钢钎下尖端即为 +020 右或左边桩桩位。

h. 当右（或左）边桩放出 20m 间距桩位后，则另半幅边桩也可用下法放出（穿线法放桩）。

由图 2-13 知，K128 +020 横断面，其中桩、左桩、右桩是在一条直线上，若已知其中两桩点位，则另一桩位不难放出，其方法是：

甲置尺零端于 +020 右桩，乙拉尺使其位于 +020 中桩至右桩方向线上，丙在中桩读尺数为 12.75m，乙在尺读数为 2×12.75 =25.50m 处打桩，即为 +020 左桩位。

②方法 2 的操作步骤（见图 2-13 左半幅）

a. 甲置尺于 +020 中桩，乙置尺于 +040 中桩，甲乙均使尺读数为 16.20m。

b. 丙持钢钎（两尺零端套钎上），均匀用力同时拉紧两根皮尺（或钢尺），则钢钎下尖端即为 +030 左边桩桩位。

c. 重复上述操作，同法放出左边桩 +050、+070、+090、…。

③加放 10m 桩

当放出间隔为 20m 的左边桩及右边桩后，则可在其间用皮尺（或钢尺）加放出 K128 +030、+050、…、+100 左、中、右边的 10m 桩。

2）线路曲线段中央纵距法加桩

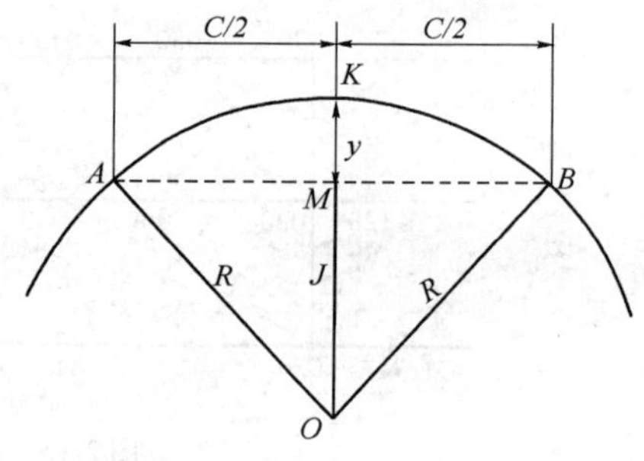

图 2-14 曲线中央纵距概念

图 2-14 中，已知半径 R，弦长 C（即曲线上 AB 两点之间平距，在公路线路曲线段上就是两相邻桩位之间平距），则只要求得 y 值，就可定出 AB 弧长中点 K。在直角 ΔOBM（或直角 ΔOAM）中：

$$J^2 = R^2 - (C/2)^2 \tag{2-8}$$

则

$$y = R - \sqrt{R^2 - (C/2)^2} = \sqrt{(R + C/2)(R - C/2)} \tag{2-9}$$

式中：R——曲线半径，m；

C——相邻两里程桩之间的平距。

现代公路施工曲线段桩位放样，采用全站仪坐标法直接把曲线上相隔等距的里程桩的平面位置（x、y 值）放到实地，实地上相邻两里程桩距就是曲线弦长。要在相邻里程桩间曲线（弧）上加桩，实践中按下述方法操作：

（1）作业组织及工具材料

①作业组织：3 人，称为甲、乙、丙。

②工具材料：计算机、钢尺（皮尺）、小钢尺、铁锤、钢钉等。

（2）计算中央纵距 y

按式(2-9)进行计算，实际作业中，由于 y 值与 R 值相比，相差较大，故一般可取近似值：$y = \dfrac{C^2}{8R}$。

例如：某高速公路ZY为K128+271.428，YZ为K129+017.270，半径为5 000m，中线桩距为25.0m，左边桩距为25.066m（由两相邻左桩坐标反算求得），路半幅宽为13.16m，实地上已放出中桩和左边桩。由于施工需要，要求每12.50m设一桩位，同时放出右边桩。在实地加桩时，先按上式计算 y 值：

$$y_{中} = 5\,000 - \sqrt{(5\,000 + 25/2)(5\,000 - 25/2)} = 0.016\text{m}$$

$$y_{左} = (5\,000 + 13.16) - \sqrt{\left[(5\,000 + 13.16) + \frac{25.066}{2}\right]\left[(5\,000 + 13.16) - \frac{25.066}{2}\right]}$$

$$= 0.016\text{m}$$

左边桩距可用公式：$D = 2R \cdot \sin\left(\frac{\alpha}{2}\right)$ 计算

式中：$\alpha = 57.295\,8 \cdot \frac{l}{R} = 57.295\,8 \cdot \frac{25}{5\,000} = 0°17'11''$

即 $D = 2 \cdot (5\,000 + 13.16) \cdot \sin(0°17'11''/2) = 25.066$

（3）实地放桩（见图2-15）

①甲置尺于+625中桩，使尺读数为0m；

②乙置尺于+650中桩，此时尺读数应为25.00m；

③丙于+625至+650尺中点读数12.50处，用小钢尺在尺垂线 MK 方向上量 $y_{中} = 0.016$m即为加桩+637.5m桩位；

④线路中线、左边线需加桩之处，都用同法放出；

⑤用"穿线法"定出右边桩，例如K128+625，置尺零端于+625左边桩，使尺沿+625中桩方向线上在尺读数为13.16×2=26.32m处打桩即为+625右边桩。

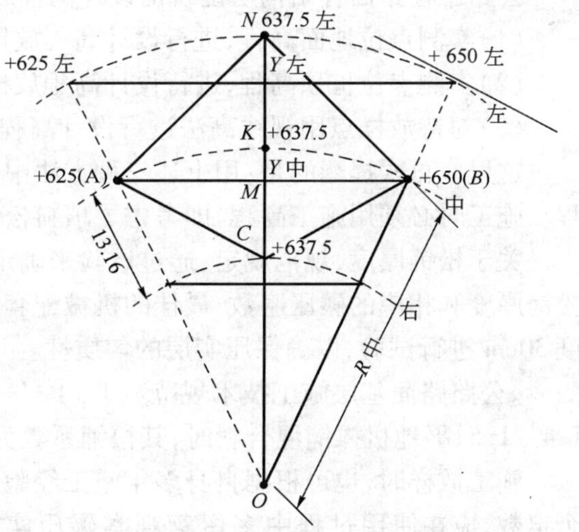

图2-15　平曲线放桩示意图

当实地曲线段只放出中桩桩位时，例如上例中只放出了K128+625，K128+650等中桩，此时只要计算出 CB（或 CA）、AN（或 BN）就可用尺长交会法放出左、右边桩。

在图2-15中，连接 BC（或 AC），过 O 作 $OM \perp AB$，垂足为 M，$BM = AM = 25/2 = 12.5$m；$y_{中} = 0.016$［用式(2-9)计算］，$NK = KC = 13.16$m（半幅路宽 $B/2$）；则

$$CM = B/2 - y_{中} = 13.16 - 0.016 = 13.144\text{m}$$

在 ΔBCM 中，有

$$CB = \sqrt{MB^2 + MC^2} = \sqrt{12.5^2 + 13.144^2} = 18.139\text{m}$$

同理：　　　$AC = \sqrt{AM^2 + MC^2} = 18.139$m

以上为内圆曲线计算放样数据 CB 或 AC 公式。外圆曲线计算放样数据 AN 或 BN 公式为：

$$AN = \sqrt{AM^2 + MN^2} = \sqrt{12.5^2 + (13.16 + 0.016)^2} = 18.162\text{m}$$

整理成通用公式（见图2-15）如下：

$$\left.\begin{aligned}\text{外圆曲线}: BN = AN = \sqrt{(AB/2)^2 + \left(\frac{B}{2} + y_{中}\right)^2} \\ \text{内圆曲线}: BC = AC = \sqrt{(AB/2)^2 + \left(\frac{B}{2} - y_{中}\right)^2}\end{aligned}\right\} \tag{2-10}$$

式中：AB——曲线上两相邻中桩点间平距，一般为等距 20m、25m、10m 等；

$B/2$——一半幅路宽，B 为路宽；

$y_{中}$——前述中央纵距，$y = R - \sqrt{(R + AB/2)(R - AB/2)}$。

3. 路面各层桩位设计高程放样方法

路面各结构层铺筑时，必须进行各结构层的设计高程放样。从公路施工实践出发，根据铺筑顺序、施工进度、路面各结构层的设计高程放样，按下述步骤进行：

(1)铺筑前实测桩位高程，将设计高程标志于点位桩侧，指导摊铺。

(2)铺筑进行中，跟踪测量铺筑面实地高程，监控结构层的厚度和高程以及路拱横坡。

(3)铺筑完工，进行全线的竣工测量，包括中线纵断高程、横断面高程测量。

公路工程路面各结构层铺筑前设计高程放样，在施工实践中，常采用的方法有：

(1)实测点位地面高程，进行设计高程放样。

(2)实测点位桩顶高程，进行设计高程放样。

(3)对待放样点用视线高法进行设计高程放样。

这里应再次提醒的是：用上述三种方法中任一种方法所放出的高程，是经碾压后的设计高程。施工时必须用施工高程，即考虑了填料松铺系数以后的高程。

关于松铺厚度，规范规定：通过试验来确定不同机具压实不同填料的最佳含水率、适宜的松铺厚度和相应的碾压遍数、最佳的机械配套和施工组织。对于高速公路、一级公路按松铺厚度 30cm 进行试验，以确保压实层的匀质性。

《公路路面基层施工技术规范》(JTJ 034—2000)规定：人工摊铺混合料时，其松铺系数为 1.4～1.5；平地机摊铺混合料时，其松铺系数为 1.25～1.35。

施工放样时，也可根据自身多年施工经验确定松铺厚度。但需指出的是松铺系数不是一个定数，应在使用过程中多留意观察碾压实况，及时调整松铺厚度，以确保达到设计高程为原则。

思考题

1. 路面结构层测量的任务是什么？
2. 简述钢尺测距的方法。
3. 水准仪按照精度可分为哪几类？
4. 利用水准仪检测时，可分为几个操作步骤？各个操作步骤的具体内容是什么？
5. 简述路线中桩及边桩的放样方法。

第三章　路面基层、垫层施工

学习目标

了解我国目前高等级公路常用的基层类型，掌握常用基层施工和质量控制方法。

本章重点

水泥稳定土基层、石灰稳定土基层、石灰粉煤灰稳定土基层施工。

本章难点

常用三种基层施工和质量控制方法。

目前我国高等级公路常用的基层类型，有水泥稳定土基层、石灰稳定土基层和石灰粉煤灰稳定土基层。在公路底基层施工中着重介绍二灰稳定土（石灰粉煤灰稳定土）施工，基层施工中着重介绍水泥稳定碎石基层施工，其他类型的施工可参考这两类施工方法。

第一节　石灰粉煤灰稳定土底基层施工

一、施工前准备

（一）材料

1. 石灰

石灰是以硅酸盐类岩石（石灰岩、白云岩、白垩、贝壳等）为原料，经过900～1 300℃高温的煅烧，分解出二氧化碳（CO_2）后所得到的一种胶凝材料。其主要成分是氧化钙（CaO）和氧化镁（MgO）。石灰俗称白灰，根据成品加工方法的不同，可分为：

(1)块状生石灰：由原料煅烧而成的原产品，主要成分为氧化钙（CaO）。

(2)生石灰粉：由块状生石灰磨细而得到的细粉，其主要成分亦为氧化钙（CaO）。

(3)消石灰：将生石灰用适量的水消解而得到的粉末，亦称熟石灰，其主要成分为氢氧化钙 $Ca(OH)_2$。

(4)石灰浆：将生石灰与多量的水（约为石灰体积的3～4倍）消解而得可塑性浆体，称为石灰膏，主要成分为氢氧化钙（$Ca(OH)_2$）和水。如果水分加得更多，则呈白色悬浮液态，称为石灰乳。

建筑用石灰按氧化镁含量不同分为钙质石灰和镁质石灰。

石灰的技术指标，如表3-1所示。

使用等外石灰、贝壳石灰、珊瑚石灰等，应进行试验，如石灰稳定土的强度符合《公路路面基层施工技术规范》（JTJ 034—2000）的标准，即可使用。

石灰的技术指标 表 3-1

项目 \ 指标 \ 类别		钙质生石灰			镁质生石灰			钙质消石灰			镁质消石灰		
		等级											
		I	II	III	I	II	III	I	II	III	I	II	III
有效钙加氧化镁含量(%)		≥85	≥80	≥70	≥80	≥75	≥65	≥65	≥60	≥55	≥60	≥55	≥50
未消化残渣含量(5mm 圆孔筛的筛余,%)		≤7	≤11	≤17	≤10	≤14	≤20						
含水率(%)								≤4	≤4	≤4	≤4	≤4	≤4
细度	0.71mm 方孔筛的筛余(%)							0	≤1	≤1	0	≤1	≤1
	0.125mm 方孔筛的筛余(%)							≤13	≤20	—	≤13	≤20	—
钙镁石灰的分类界限,氧化镁含量(%)		≤5			>5			≤4			>4		

注:硅、铝、镁氧化物含量之和大于5%的生石灰,有效钙加氧化镁含量指标,I 等≥75%,II 等≥70%,III 等≥60%;未消解残渣含量指标与镁质生石灰指标相同。

对于高速公路和一级公路,宜采用磨细生石灰粉。

石灰质量应符合《公路路面基层施工技术规范》(JTJ 034—2000)规定的 III 级消石灰或 III 级生石灰的技术指标,应尽量缩短石灰的存放时间,如存放时间较长,应采取覆盖封存措施,妥善保管。

有效钙含量在 20% 以上的等外石灰,当其混合料的强度通过试验符合标准时,可以应用。

2. 粉煤灰

粉煤灰中 SiO_2、Al_2O_3 和 Fe_2O_3 的总含量应大于 70%,粉煤灰的烧失量不应超过 20%;粉煤灰的比表面积宜大于 2 500cm^2/g(或 90% 通过 0.3mm 筛孔,70% 通过 0.075mm 筛孔)。干粉煤灰和湿粉煤灰都可以应用。湿粉煤灰的含水率不宜超过 35%。

3. 土

土宜采用塑性指数 12 ~ 20 的黏性土(亚黏土)。土块的最大粒径不应大于 15mm。有机质含量超过 10% 的土不宜选用。

4. 水

凡饮用水(含牲畜饮用水),均可用做拌和用水。

(二)施工机械

主要施工机械设备,有稳定土拌和楼、摊铺机和振动压路机等等,如图 3-1、图 3-2 和图 3-3 所示。

图 3-1 稳定土拌和楼

图 3-2 摊铺机

稳定土厂拌设备(厂拌法施工),拌和能力500t/h左右,具有精确的计量系统、稳定土摊铺机(厂拌法施工)、大吨位(每车运输量大于15t)的运输车辆(厂拌法施工)、稳定土拌和机(路拌法施工)、振动压路机、三轮压路机、胶轮压路机、洒水车等。所有这些,都是施工中必备的机械与设备。

图3-3 振动压路机

(三)技术标准

根据《公路路面基层施工技术规范》(JTJ 034—2000)要求,二灰稳定土路面底基层技术指标应符合下列规定。

1. 强度

强度是指单位面积所承受的压力,公路工程中的单位为兆帕(MPa)。

强度要求:二级及二级以下公路,7d浸水无侧限抗压强度≥0.5 MPa;高速公路和一级公路,7d浸水无侧限抗压强度≥0.6 MPa。

2. 压实度

压实度是指填筑材料压实的密实程度,等于现场压实后材料的密度达到试验标准密度的百分比,单位为百分率(%)。

压实度要求:二级和二级以下公路≥93%;高速公路和一级公路≥95%。

由于当前有多种能量大的压路机,宜提高压实度1%~2%。

(四)配合比设计

配合比设计的流程为:通过原材料试验选料──→选二灰与土的比例──→选石灰粉煤灰的比例──→按强度确定配合比。

1. 原材料的试验

(1)土的颗粒分析(确定土的类型);

(2)液限和塑性指数(确定土的可用性);

(3)有机质含量(必要时做);

(4)石灰的有效钙和氧化镁含量;

(5)收集或试验粉煤灰的化学成分、细度和烧失量。

2. 混合料的设计步骤

(1)制备不同比例的石灰粉煤灰混合料(如石灰+粉煤灰/混合料为10:90,15:85,20:80,25:75,30:70,35:65,40:60,45:55和50:50),确定其各自的最佳含水率和最大干密度,确定同一龄期和同一压实度试件的抗压强度,选用强度最大时的石灰粉煤灰比例。

(2)根据以上所得的二灰比例,制备同一种土样的4~5种不同配合比的二灰土。其配合比宜符合下列规定:

①对于CaO含量2%~6%的硅铝粉煤灰,采用石灰粉煤灰做底基层时,石灰与粉煤灰的比例可以是1:2~1:9;

②石灰与粉煤灰的比例可用1:2~1:4(对于粉土,以1:2为宜);

③为提高石灰工业废渣的早期强度,可外加1%~2%的水泥。

(3)确定各种二灰土或二灰级配集料的最佳含水率和最大干密度(用重型实试验法)。

(4)按规定达到的压实度,分别计算不同配合比时二灰土、二灰级配集料试件应有的干密度。

(5)按最佳含水率和计算得的干密度制备试件。细粒土试件数量根据试验水平而定,偏差系数<10%时制件6个,偏差系数10% ~15%时制件9个,偏差系数超出范围制件无效。

(6)试件在规定温度下保湿养生6d,浸水24h后,按《公路工程无机结合料稳定材料试验规程》(JTJ 057—94)进行无侧限抗压强度试验。

(7)计算试验结果的平均值和偏差系数。

(8)根据强度标准,选定混合料的配合比。在此配合比下试件室内试验结果的平均抗压强度 R 应符合公式(3-1)的要求:

$$\overline{R} \geqslant R_d/(1 - Z_a Cv) \tag{3-1}$$

式中:R_d——设计抗压强度;

Cv——试验结果的偏差系数(以小数计);

Z_a——标准正态分布表中随保证率(或置信度 a)而变的系数,高速公路和一级公路应取保证率95%,即 $Z_a = 1.645$;其他公路应取保证率90%,即 $Z_a = 1.282$。

(五)路基顶工作面准备

1. 压实度

路基顶要进行压实度检测,不合格的路基段要重新碾压,直到达到要求为止。压实度检测,如图3-4所示。

图3-4 压实度检测

2. 弯沉

路基断面施工完成后,要移交给路面施工时,必须进行路基弯沉的检测,确定路基在设计车辆荷载下整体承载能力。若弯沉达不到要求,该路段无法进行路面施工,并且路基要重新开挖,返工处理。

3. 表面缺陷处理

(1)起皮:路基表面由于水分散失过快,整平及碾压不当,局部上层有一层薄层与路基层脱离形成空壳。对于局部起皮,应该先铲除起皮部分,起皮深度大于10cm的可以先在路面上层用路面材料修补好形成强度后再进行路面底基层的施工;起皮小于10cm的可以和路面底基层一起施工。

(2)裂缝:路基表面的裂缝视形成原因分为收缩裂缝和沉降裂缝。收缩裂缝一般较小,表面呈现网状;沉降裂缝较大,纵向或横向延伸较长。对于收缩裂缝一般不作处理,在底基层施工前对路基顶进行预湿就行;对于沉降裂缝,要采取路基沉降加固技术进行加固。

(3)"放炮":这里指的是石灰土路基顶一般病害,主要由于石灰消解不充分,石灰土路基压实后石灰小块在路基中二次消解膨胀,顶起了路基表面,形成一个个"蘑菇包"。对于这种情况先对路基顶洒水,使顶面石灰小块充分二次消解后,挖出鼓起的"蘑菇包"。

(4)"弹簧":这里指的是路基局部含水率过大,压路机压实过程中形成"橡皮泥"状而无法压实。对于该情况应对该处的土加石灰处理,或者换填,直至能达到压实要求。

4. 清扫

表面缺陷处理结束后,最后一步就是清扫工作。采用人工,清扫路基顶一切杂物;厂拌施工时,摊铺之前路基顶要预湿。

二、石灰粉煤灰路面底基层试铺路段施工

试铺路段施工是大面积施工之前的"预热"阶段,在这个阶段所暴露出来的问题应该在大面积施工之前得以解决。并且试铺路段为大面积施工积累非常宝贵的施工经验,并验证施工方法和参数的正确性,同时还能有效地检验施工管理水平。试铺段应选择在经验收合格的路

基顶面进行,其长度为 300 ~ 600m,每一种方案试铺 100 ~ 200m。

(1)在底基层和基层正式开工之前,应铺筑试验段。

(2)应通过铺筑试验段,确定以下主要项目:

①用于施工的集料配合比例。

②材料的松铺系数。

③确定标准施工方法:

a. 集料数量的控制;

b. 集料摊铺方法和适用机具;

c. 合适的拌和机械、拌和方法、拌和深度和拌和遍数;

d. 集料含水率的增加和控制方法;

e. 整平和整形的合适机具和方法;

f. 压实机械的选择和组合,压实的顺序、速度和遍数;

g. 拌和、运输、摊铺和碾压机械的协调和配合;

h. 密实度的检查方法,初定每一作业段的最小检查数量。

④确定每一作业段的合适长度。

⑤确定一次铺筑的合适厚度。

(3)通过铺筑石灰粉煤灰稳定土底基层试验段,除确定上述所列项目外,还应确定控制结合料数量和拌和均匀性的方法。

三、石灰粉煤灰路面底基层施工

底基层施工,包括路拌法施工和厂拌法施工两种工艺。

所谓路拌法施工,就是混合料通过用路拌机在路面原地拌和施工碾压成型的工艺。

所谓厂拌法施工,则是混合料通过厂拌设备拌和好以后,运输到施工路面施工现场之后,通过摊铺碾压成型的工艺。

(一)路拌法施工

路拌法施工也可以生产质量较满意的石灰粉煤灰集料混合料(仅可用于二级和二级以下公路的施工)。虽然用路拌法可达到较满意的性能,但它的质量次于厂拌法的质量,主要是混合料的均匀性较差和容易产生粗细颗粒离析现象。

图 3-5 所示,为石灰粉煤灰稳定土施工工艺流程。

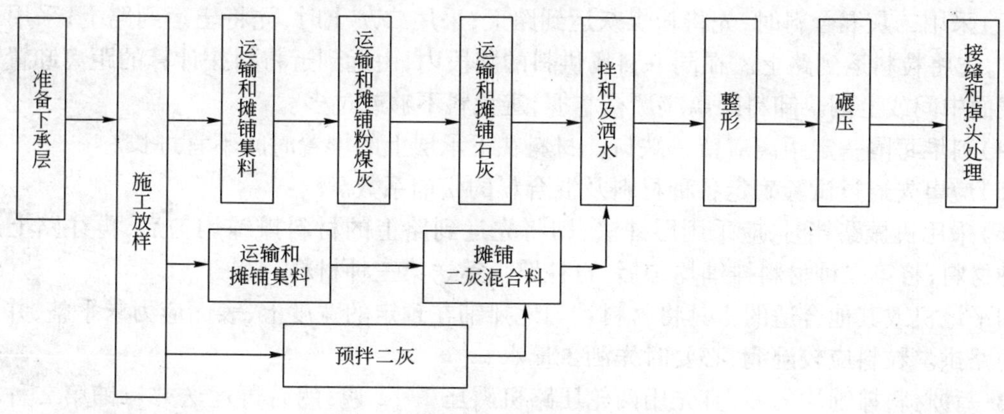

图 3-5　石灰粉煤灰稳定土施工工艺流程

1. 施工放样

(1)在底基层或老路面或土基上恢复中线。直线段每10~20m设一桩,平曲线段每10~15m设一桩,并在两侧路肩边缘外设指示桩。

(2)进行水平测量,在两侧指示桩上用明显标记标出石灰粉煤灰稳定土层边缘的设计高。

2. 备料

(1)粉煤灰被运到路上、路旁或厂内场地后,通常露天堆放。此时,必须使粉煤灰含有足够的水分(含水率15%~20%),以防飞扬。特别在干燥和多风季节,更应使料堆表面保持湿润,或者覆盖。如在堆放过程中,部分粉煤灰凝结成块。使用时应将灰块打碎,必要时,还需过筛。粉煤灰运到集中拌和厂场地上堆放时,宜搭防雨棚保护,避免雨淋过分潮湿。

(2)采集集料前,应将树木、草皮等清除干净。

(3)集料中的超尺寸颗粒应予筛除。

(4)应在预定的深度范围内采集集料,不应分层采集,不应将不合格的集料采集在一起。

(5)对于黏性土,可视土质和机械性能确定土是否需要过筛。

(6)石灰宜在公路两侧宽敞面临近水源且地势较高的场地集中堆放。预计堆放时间较长时,应用塑料布、土或其他材料覆盖封存。石灰堆放在集中拌和场地时,宜搭防雨棚保护。

(7)石灰应在使用之前7~10d充分消解。每吨石灰消解需用水量一般为500~800kg。消解后的石灰应保持一定湿度,以免过干飞扬,但也不能过湿成团。

(8)消石灰宜过孔径10mm的筛,并尽快使用。

(9)计算材料用量:

根据各路段石灰粉煤灰稳定土层的宽度、厚度及预定的干密度,计算各路段需要的干混合料质量;根据混合料的配合比、材料的含水率以及所用运料车辆的吨位,计算各种材料每车料的堆放距离。

(10)如路肩用料与石灰粉煤灰稳定土层用料不同,应采取培肩措施,先将两侧路肩培好,路肩料层压实厚度应与稳定土的压实厚度相同。在路肩上,应每隔5~10m交错开挖临时泄水沟。

3. 运输和摊铺集料

(1)在预定堆料的下承层上,在堆料前应先洒水,使其表面湿润。

(2)材料装车时,应控制每车料的数量基本相等。

(3)采用二灰混合料时,先将粉煤灰运到路上;采用二灰土时,先将土运到路上;采用二灰粒料时,先将粒料运到路上。在同一料场供料的路段内,由远到近将料按计算的距离卸置于下承层表面中间或上侧。卸料距离应严格掌握,避免料不够或过多。

(4)料堆每隔一定距离应留一缺口。材料在下承层上的堆置时间不宜过长。

(5)应事先通过试验确定各种材料及混合料的松铺系数。

(6)采用机械路拌时,应采用层铺法,即将先运到路上的材料摊铺均匀后,再往路上运送第二种材料;将第二种材料摊铺均匀后,再往路上运送第三种材料。

用平地机或其他合适的机具将材料均匀地摊铺在预定的宽度上,表面应力求平整,并且有规定的路拱。粒料应较湿润,必要时先洒少量水。

第一种材料摊铺均匀后,宜先用两轮压路机碾压1~2遍;然后再运送并摊铺第二种材料在第二种材料层上,也应先用两轮压路机碾压1~2遍;最后再运送并摊铺第三种材料。

4. 拌和及洒水

(1)应采用专用稳定土拌和机进行拌和,在无专用稳定土拌和机械的情况下,也可采用平地机或多铧犁与旋转耕作机或缺口圆盘耙相配合进行拌和。应先进行干拌。采用专用拌和机时,干拌一遍;采用其他机械时干拌2~4遍。

(2)用稳定土拌和机拌和2遍以上。拌和深度应直到稳定层底。应设专人跟随拌和机、随时检查拌和深度并配合拌和机操作员调整拌和深度。除直接铺在土基上的一层外,严禁在拌和层底部留有“素土”夹层。应略破坏(约1cm左右,不应过多)下承层的表面,加强上下层黏结。在进行最后一遍拌和之前,必要时先用多铧犁紧贴底面翻拌一遍 。直接铺在土基上的拌和层也应避免“素土”夹层。

(3)在没有专用拌和机械的情况下,如为二灰稳定细粒土和中粒土,也可用旋转耕作机与多铧犁或平地机相配合拌和4遍,先用旋转耕作机拌和,后用铧犁或平地机将底部“素土”翻起,再用旋转耕作机拌和2遍,用铧犁或平地机将底部料再翻起,随时检查调整翻犁的深度,使稳定土层全部翻透。严禁在稳定土层与下承层之间残留一层“素土”,但也应该防止翻犁过深、过多破坏下承层的表面。

(4)在没有专用拌和机械的情况下,也可以用缺口圆盘耙与多铧犁或平地机相配合,拌和二灰稳定中粒土和粗黏土。用平地机或铧犁在前面翻拌,用圆盘耙跟在后面拌和,即采用边翻边耙的方式。圆盘耙的速度应尽量快,使二灰与集料拌和均匀。共翻拌4遍:开始2遍不应翻犁到底,以防二灰落到底部;后面的2遍,应翻犁到底,随时检查调整翻犁的深度。要求同上。

(5)用喷管式洒水车将水均匀地喷洒在干拌的混合料上,洒水距离应长些,水车起洒处和另一端掉头处都应超出拌和段2m以上。洒水车不应在正进行拌和的以及当天计划拌和的路段上掉头和停留,应防止局部水量过大。

(6)拌和机械应紧跟在洒水车后面进行拌和,尤其在纵坡大的路段上应配合紧密,以减少水分流失。在洒水拌和过程中,应及时检查混合料的含水率,水分宜尽量大于最佳含水率(>1%左右)。

(7)在拌和过程中,要及时检查拌和深度,要使石灰粉煤灰层全深度范围内都拌和均匀。拌和完成的标志是:混合料色泽一致,没有灰条、灰团和花面;没有粗细颗粒“窝”或“带”,且水分适中均匀。

(8)对于二灰集料,应先将石灰和粉煤灰拌和均匀,然后均匀地摊铺在集料层上,再一起进行拌和。

5. 整形

整形分为平地机整形和人工整形,有条件尽可能采用平地机整形。

(1)平地机整形

混合料拌和均匀后,先用平地机初步整平和整形。在直线段,平地机由两侧向路中心进行刮平;在平曲线段,平地机由内侧向外侧进行刮平。必要时,再返回刮一遍。然后用拖拉机、平地机或轮胎压路机快速碾压1~2遍,以暴露潜在的不平整。再用平地机刮平,并再稳压一遍。

整形过程中,及时消除粗细集料离析现象,特别是粗集料窝(或粗集料带)。对于局部低洼处,应用齿耙将其表层5cm以上耙松,并用新拌的二灰混合料进行找补平整。最后再用平地机整形一次。

注意:每次整形都要按照规定的坡度和路拱进行,并特别要注意接缝处的整平,以保证接缝顺适平整。

(2)人工整形

人工用锹和耙先将混合料摊平，用路拱板进行初步整形。用拖行机初压1~2遍后，根据实测的压实系数，确定纵横断面的高程，并钉桩、挂线。利用锹耙拉线整形，并再用路拱板校正成型。在整形过程中，必须禁止任何车辆通行。

初步整形后，检查混合料的松铺厚度，必要时应进行补料或减料。二灰土的松铺系数约为1.5~1.7；二灰集料的松铺系数约为1.3~1.5；人工铺筑石灰煤渣土的松铺系数约为1.6~1.8；石灰煤渣集料的松铺系数约为1.4。用机械拌和及机械整形时，集料松铺系数约为1.2~1.3。

6. 碾压

整形后，当混合料处于最佳含水率±1%时，即可进行碾压。如表面水分不足，应适当洒水，但严禁洒大水碾压。

碾压时，宜用三轮压路机、重型轮胎压路机或振动压路机在路基全宽内进行碾压。直线段，由两侧路肩向路中心碾压；平曲线段，由内侧路肩向外侧路肩进行碾压。碾压时，后轮应重叠1/2轮宽，后轮必须超过两段的接缝，后轮压完路面全宽时，即为一遍。碾压一直进行到达到要求的密实度为止，应使表面无明显轮迹，一般需碾压6~8遍。压路机的碾压速度，头2遍以1.5~1.7km/h为宜，以后控制在2.0~2.5km/h，路面的两侧应多压2~3遍。

严禁压路机在已完成的或正在碾压的路段上掉头和紧急制动，以保证稳定土层表面不受破坏。碾压过程中，石灰粉煤灰稳定土层的表面应始终保持湿润，如表面水分蒸发得快，应及时补洒少量的水。如有“弹簧”、松散、起皮等现象，应及时翻开重新拌和，或用其他方法处理，使其达到质量要求。

在碾压结束之前，用平地机再终平一次，使其纵向顺适，路拱和超高符合设计要求。终平应仔细进行，必须将局部高出部分刮除并扫出路外，对于局部低洼之处，不再进行找补，留待铺筑上面结构层时处理。

7. 接缝和掉头处理

(1)横缝的处理

两工作段的搭接部分，应采用对接形式。前一段拌和后，留5~8m不进行碾压，后一段施工时，将前段留下未压部分，一起再进行拌和、整形和碾压。

(2)纵缝的处理

石灰粉煤灰稳定土层的施工应该避免纵向接缝。在必须分两幅施工时，纵缝必须垂直相接，不应斜接。纵缝应按下述方法处理：

①在前一幅施工时，在靠中央一侧用方木或钢模板做支撑，方木或钢模板的高度与稳定土层的压实厚度相同；

②在混合料拌和结束后，靠近支撑木(或板)的一条带，应人工进行补充拌和，然后进行整形和碾压；

③在铺筑另一幅时，或在养生结束后，拆除支撑木(或板)；

④第二幅混合料拌和结束后，靠近第一幅的一条带，应人工进行补充拌和，然后进行整形和碾压。

8. 养生及交通管制

(1)石灰粉煤灰稳定土层碾压完成后的第二天或第三天开始养生，通常采用洒水养生法。每天洒水的次数视气候条件而定，应始终保持表面潮湿或湿润。养生期一般为7d，也可用沥青乳液和沥青下封层进行养生。

(2)在养生期间,除洒水车外,应封闭交通。

(3)养生期结束,如面层为沥青混合料应立即喷洒透层沥青或做下封层,并在 5 ~ 10d 内铺筑沥青面层。在喷洒透层沥青后,宜撒布 3 ~ 8mm 或 5 ~ 10mm 的小碎石,小碎石约撒布 60% 的面积(不完全覆盖,但均匀覆盖 60% 的面积,露黑)。如面层为水泥混凝土面层,也不宜让基层长期暴晒以防开裂。

(4)当石灰粉煤灰稳定土分层施工时,下层碾压完毕后,可以立即在上铺筑另一层。不需专门的养生期,也可以养生 7d 后再铺筑另一层。

(二)厂拌法施工

二级以上公路宜采用厂拌法施工;对于高速公路和一级公路,必须采用厂拌法施工。

石灰粉煤灰稳定土混合料厂拌法的流程,如图 3-6 所示。典型厂拌设备的布置,如图 3-7 所示。

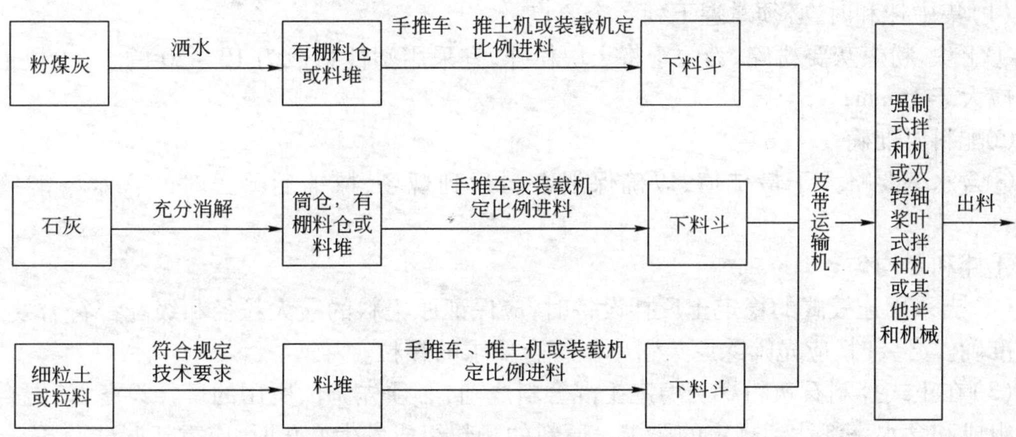

图 3-6　石灰粉煤灰稳定材料生产工艺流程图

厂拌设备(见图 3-7)主要组成部分,包括以下几个方面:

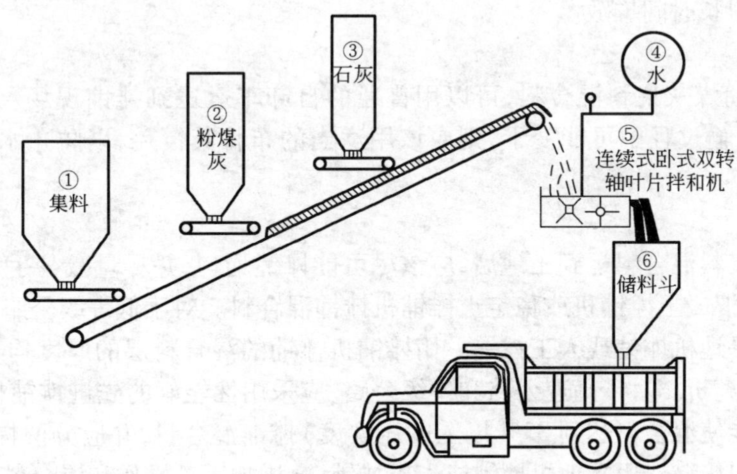

图 3-7　典型厂拌设备的布置示意图

(1)集料料斗,带有皮带喂料器;

(2)粉煤灰料斗,带有皮带喂料器和控制器;

(3)石灰储存罐,带有中间喂料斗和喂料控制装置;

(4)储水罐,带有标定好的泵;

(5)连续式或间隙式卧式桨叶式拌和机;

(6)临时存放拌和好的石灰粉煤灰集料混合料的储料斗。

除上述这些设备外,还需要有一些配套设备,如装载机、推土机,以便向料斗中装集料和粉煤灰,并保证正常的工作场地。

石灰应储存在筒仓中,以防淋雨变质。粉煤灰通常是露天堆放,但需要洒水,改变其状态(通常含水率控制在15%~20%)以防飞扬,也可以在料堆表面适当覆盖以防止飞扬。料堆中的部分粉煤灰可能凝结,在使用前应将其粉碎。雨季施工时粉煤灰和细集料应局部覆盖,避免雨淋过湿,否则将严重影响材料的配合比和拌和机的生产能力。

厂拌法施工的下承层准备和施工放样,同路拌法。

1. 拌和

(1)集中拌和时,必须掌握下列各个要点:

①土块、粉煤灰要粉碎,为便于将土块粉碎,宜采用塑性指数为10~20的土,土块最大尺寸不应大于15mm;

②配料要准确;

③含水率要略大于最佳值,以确保混合料运到现场、摊铺后碾压时的含水率能接近最佳值;

④拌和要均匀。

(2)当采用连续式的稳定土厂拌设备时,应保证原集料的最大粒径和级配都符合要求,配料应准确。必要时,应先筛除原集料中不符合要求的颗粒。

(3)在正式拌制石灰粉煤灰稳定土混合料之前,必须先调试所用的厂拌设备,使混合料的颗粒组成和含水率都达到规定的要求。原料的颗粒组成发生变化时,应重新调试设备。

(4)应根据集料和混合料含水率的大小,及时调整向拌和室中添加的水量。

(5)拌成混合料的堆放时间不宜超过24h,宜在当天将拌成的混合料运送到铺筑现场,不应将拌成的混合料长时间堆放。

2. 运输

厂拌的石灰粉煤灰集料混合料,可以用普通的自卸车运送到摊铺现场。如果运输距离长,或混合料在运输过程中可能变干,则应该用适当的布将其覆盖,以防止水分损失或沿路扬尘。

3. 摊铺

石灰粉煤灰集料混合料运到工地后,应该尽可能摊铺均匀,并尽量减少手工操作,宜采用沥青摊铺机、水泥混凝土摊铺机或稳定土摊铺机摊铺混合料。对于低等级公路,也可以采用带自动找平装置的平地机摊铺或人工摊铺。用摊铺机摊铺的混合料层的厚度均匀,手工操作最少,混合料也最少离析。对于高速公路和一级公路,应采用性能好的先进摊铺机(摊铺机自身的振动梁或夯锤能使混合料达到85%以上的压实度)摊铺混合料,并应分两幅阶梯形同步摊铺。同时避免纵向接缝。用平地机摊铺或人工摊铺,会增加手工操作和混合料离析现象,混合料的含水率不容易保证,平整度也不易得到保证。

必须注意,拌和机与摊铺机的生产能力应互相协调,运输能力必须相应保障。如拌和机的生产能力较低,在用摊铺机摊铺混合料时,应采用最低速度摊铺,减少摊铺机停机待料的情况。

不断地停机待料将会严重影响基层顶面的平整度,并且由此造成的不平整会直接影响沥青面层的平整度或水泥混凝土板厚的均匀性。

在摊铺机后面应设专人消除粗细集料离析现象,特别是局部粗集料窝或粗集料带应该铲除,并用新混合料填补,或补充细混合料并拌和均匀。

采用非摊铺机摊铺,注意事项同路拌法。

4. 压实

压实是铺筑石灰粉煤灰集料混合料的关键,在现场压实达到高的相对密实度可使混合料具有良好的性能。钢轮压路机、轮胎压路机、振动压路机等都可被用来有效地压实石灰粉煤灰集料混合料。由于石灰粉煤灰集料混合料中主要粒料在压实时黏性较小,甚至没有黏性,所以轮胎压路机和振动压路机是最适宜的压实工具。

为了达到高的密实度,需要一个合适的工作平台。如果在较软的土基顶面摊铺和压实石灰粉煤灰集料混合料,就会发生拥挤而不密实,石灰粉煤灰集料材料的质量就不好,使用过程中路面的弯沉值就大。因此,在这种情况下需要先处理软弱土基,土基处理后通常会减少施工费用和改善路面使用性能。

碾压时,先用较轻的压路机进行初压,然后才能使用重型钢轮压路机,以便形成一个平整的表面。在用钢轮压路机终压之前,通常先用平地机或弦杆或路面修整机进行整平,但如果是采用摊铺机摊铺,则不需如此操作。

实践证明,石灰粉煤灰粒料混合料容易达到较高的压实度,而石灰粉煤灰土混合料不易达到较高的压实度。用12~15t光面钢轮压路机碾压时,一层压实厚度不宜超过15~18cm;用重型振动压路机特别是振动羊脚碾碾压时,一层压实厚度可以达20~25cm以上。当设计厚度超过一层铺筑厚度时,应该分层摊铺和压实,在分层摊铺的情况下,两层之间的间隔时间应尽可能缩短,在下层还未结硬之前就铺筑上层。如果下层的石灰粉煤灰集料混合料是新鲜的,而且表面上没有松散的碎屑、尘土或砂,就可以直接在上再铺一层而不需要翻挖。上下层最好是同天铺筑,但是在路面厚度大、层数多的情况下,往往不可能实现同一天铺筑。在这种情况下,应该采取措施保证两层之间的黏结。特别是在下层表面不应有松散材料,在摊铺上层石灰粉煤灰集料混合料前,下层的表面应是潮湿的。

石灰粉煤灰集料混合料在加水拌和后,可以有较长的时间进行有效的压实。我国规范规定,混合料堆放时间不得超过24h。通常应该尽快完成压实,以避免水分损失和由于初凝而影响能够达到的压实度。

5. 其他

养生及交通管制等,同路拌法。

四、石灰粉煤灰路面底基层质量管理及检查验收

(1)基本要求

①土应符合设计和施工规范要求,并应根据当地料源选择符合规范的土源。

②石灰和粉煤灰质量应符合设计要求,石灰须经充分消解才能使用。

③混合料配合比应准确,不得含有灰团和生石灰块。

④摊铺时要注意消除离析现象。

⑤碾压时应先用轻型压路机稳压,后用重型压路机碾压至要求的压实度。

⑥保湿养生,养生期要符合规范要求。

(2)实测项目

石灰、粉煤灰稳定土底基层的实测项目,如表3-2所示。

石灰、粉煤灰稳定土底基层的实测项目　表3-2

项次	检查项目		规定值或允许偏差		检查方法和频率
			高速公路、一级公路	其他公路	
1	压实度(%)	代表值	96	95	每200m每车道2处
		极值	92	91	
2	平整度(mm)		12	15	3m直尺:每200m测2处×10尺
3	纵断高程(mm)		+5,-15	+5,-20	水准仪:每200m测4断面
4	宽度(mm)		不小于设计		尺量:每200m测4处
5	厚度(mm)	代表值	-10	-12	每200m每车道1点
		合格值	-25	-30	
6	横坡(%)		±0.3	±0.5	水准仪:每200m测4断面
7	强度(MPa)		符合设计要求		按规范附录G检查

(3)外观鉴定

①表面平整密实、无坑洼、无明显离析。

②施工接茬平整、稳定。

第二节　水泥稳定碎石基层施工

一、施工前准备

(一)材料

材料准备包括以下三个方面:

(1)基层开工前料场应满足单幅6km的基层材料需求量,最低也不得少于90%。

(2)基层各类材料要分类堆放,料场场地硬化,不得污染材料。

(3)场内材料的各项指标要满足设计和规范要求,材料质量采取材料源头石料场和拌和场双控,做到不合格材料不进场,进场材料不混杂、不污染。

1. 水泥

普通硅酸盐水泥、矿渣硅酸盐水泥和火山灰质硅酸盐水泥,都可以用于水泥稳定碎石基层施工。水泥稳定碎石基层施工,禁止使用快硬水泥、早强水泥以及其他受外界影响而变质的水泥。

路面基层宜采用强度等级为32.5级的水泥;水泥各龄期强度、安定性等应达到相应指标要求;要求水泥初凝时间3h以上、终凝时间不小于6h。

如采用散装水泥,在水泥进场入罐时,要了解其出炉天数。刚出炉的水泥,要停放7d,且安定性合格后才能使用。夏季高温作业时,散装水泥入罐温度不能高于50℃,高于这个温度,若必须使用时,应采用降温措施。目前我国常用的水泥品种与组成,如表3-3所示。硅酸盐水泥各龄期的强度要求,如表3-4所示。

我国常用水泥品种与组成　　表3-3

水泥品种	水泥代号	水泥组成		
		熟料	石膏	混合材料
Ⅰ型硅酸盐水泥	P·Ⅰ	硅酸盐水泥熟料 95%~98%	天然石膏或工业副产石膏适量(控制 SO_3 含量<3.5%)	不掺
Ⅱ型硅酸盐水泥	P·Ⅱ	硅酸盐水泥熟料 90%~97%		掺加不超过水泥质量5%的石灰石或粒化高炉矿渣混合材料
普通硅酸盐水泥(简称普通水泥)	P·O	硅酸盐水泥熟料 80%~92%		按质量比掺6%~15%混合材料。掺活性混合材料时,最大掺加量不得超过15%。其中允许用不超过水泥质量5%的窑灰或不超过水泥质量10%的非活性混合材料代替
矿渣硅酸盐水泥(简称矿渣水泥)	P·S	硅酸盐水泥熟料 25%~78%	天然石膏或工业副产石膏适量(控制 SO_3 含量<4.0%)	粒化高炉矿渣掺量按质量比为20%~70%,允许用石灰石、窑灰和火山灰质混合材料中的一种材料代替矿渣,代替数量不得超过水泥质量的8%。替代后水泥中粒化高炉矿渣不得少于20%
火山灰质硅酸盐水泥(简称火山灰水泥)	P·P	硅酸盐水泥熟料 45%~78%	天然石膏或工业副产石膏适量(控制 SO_3 含量<3.5%)	火山灰质混合材料掺加量,按质量百分比计为20%~50%
粉煤灰硅酸盐水泥(简称粉煤灰水泥)	P·F	硅酸盐水泥熟料 55%~78%		粉煤灰掺量按质量百分比计为20%~40%
复合硅酸盐水泥(简称复合水泥)	P·C	硅酸盐水泥熟料 45%~83%		掺两种或两种以上混合材料,总掺量按质量百分比为15%~50%,允许用不超过8%的窑灰代替部分混合材料。掺矿渣时,混合材料掺量不得与矿渣水泥重复

硅酸盐水泥各龄期的强度要求　　表3-4

品种	强度等级	抗压强度(MPa)		抗折强度(MPa)	
		3d	28d	3d	28d
硅酸盐水泥	42.5	17.0	42.5	3.5	6.5
	42.5R	22.0	42.5	4.0	6.5
	52.5	23.0	52.5	4.0	7.0
	52.5R	27.0	52.5	5.0	7.0
	62.5	28.0	62.5	5.0	8.0
	62.5R	32.0	62.5	5.5	8.0
普通水泥	32.5	11.0	32.5	2.5	5.5
	32.5R	15.0	32.5	3.5	5.5
	42.5	16.0	42.5	3.5	6.5
	42.5R	21.0	42.5	4.0	6.5
	52.5	22.0	52.5	4.0	7.0
	52.5R	26.0	52.5	5.0	7.0

2. 碎石

碎石的最大粒径为31.5mm，轧石场轧制的材料应按不同粒径分类堆放，以利施工时掺配方便，采用的套筛应与规定要求一致。基层用级配碎石备料，建议按粒径9.5～31.5mm、粒径4.75～9.5mm、粒径2.36～4.75mm和粒径2.36mm以下四种规格筛分加工出料。水泥稳定碎石混合料中碎石压碎值应不大于28%，针片状含量宜不大于15%。

集料中<0.6mm的颗粒必须做液限和塑性指数试验，要求液限<28%，塑性指数<9。集料的颗粒组成，应符合表3-5的规定。

水泥稳定碎石的级配范围（方孔筛） 表3-5

级配	通过下列筛孔（mm）的质量筛分率（%）							
	31.5	26.5	19	9.5	4.75	2.36	0.6	0.075
范围	100	95～100	75～91	47～67	28～44	17～27	7～17	0～6

碎石料按粒径大小，可分为粗碎石、中碎石、细碎石和石屑等。碎石料的颗粒尺寸范围通常为5～100mm（小于5mm的岩石碎料为人工沙或石粉），但根据工程对象的不同也有更大范围的规定。在公路工程中，由于用途不同，对所用碎石有不同的规格要求。碎石、碎卵石和卵石的技术指标，如表3-6所示。

碎石、碎卵石和卵石的技术指标 表3-6

项目	技术要求		
	Ⅰ级	Ⅱ级	Ⅲ级
碎石压碎指标（%）	<10	<15	<20①
卵石压碎指标（%）	<12	<14	<16
坚固性（按质量损失计%）	<5	<8	<12
针片状颗粒含量（按质量计%）	<5	<15	<20②
含泥量（按质量计%）	<0.5	<1.0	<1.5
泥块含量（按质量计%）	<0	<0.2	<0.5
有机物含量（比色法）	合格	合格	合格
硫化物及硫酸盐（按 SO_3 质量计%）	<0.5	<1.0	<1.0

（二）施工机械

主要施工机械：水泥稳定碎石拌和楼，拌和能力500t/h左右，具有精确的计量系统、沥青混凝土摊铺机、大吨位（每车运输量大于15t）的运输车辆、振动压路机、三轮压路机（或双钢轮压路机）、轮胎压路机、洒水车等。

（三）技术标准

根据《公路路面基层施工技术规范》（JTJ 034—2000）要求，水泥稳定碎石基层技术指标应符合下列规定。

强度要求：二级及二级以下公路，7d浸水无侧限抗压强度2.5～3MPa；高速公路和一级公路，7d浸水无侧限抗压强度3～5 MPa。

压实度要求：二级和二级以下公路≥95%；高速公路和一级公路≥98%。

（四）配合比设计

水泥稳定材料的组成设计包括：根据规定的材料指标要求，通过试验选取合适的集料和水泥；确定合理的集料配合比例、水泥剂量和混合料的最佳含水率。合理的水泥稳定碎石组成必须达到强度要求，具有较小的温缩和干缩系数（现场裂缝较少），施工和易性好（粗集料离析较小）。其步骤如下：

（1）取工地实际使用的集料，分别进行筛分，按颗粒组成进行计算，确定各种集料的组成比例。要求组成混合料的级配应符合表3-5的规定，且4.75mm、0.075mm的通过量应接近级配范围的中值。

（2）取工地使用的水泥，按不同水泥剂量分组试验。一般建议水泥剂量按水泥：集料＝4:100、4.3:100、4.5:100、4.7:100四种比例进行试验。制备不同比例的混合料（每组试件个数为：偏差系数10%～15%时9个，偏差系数15%～20%时13个），用重型击实法确定各组混合料的最佳含水率和最大干密度。

（3）为减少基层裂缝，必须做到三个限制：在满足设计强度的基础上限制水泥用量；在减少含泥量的同时，限制细集料、粉料用量；根据施工时气候条件限制含水率。具体要求水泥剂量不宜大于5.0%、集料级配中0.075 mm以下颗粒含量不宜大于4.5%、含水率不宜超过最佳含水率的1%。

（4）根据确定的最佳含水率，拌制水泥稳定碎石混合料，按要求压实度（重型击实标准，98%）制备混合料试件，在标准条件下养护6d，浸水1d后取出，做无侧限抗压强度。

（5）水泥稳定碎石试件的标准养护条件是：将制好的试件脱模称重后，应立即放到相对湿度95%的养护室内养生，养护温度为南方25℃±2℃，北方20℃±2℃，对于江苏省淮安以南为25℃±2℃，淮安以北为20℃±2℃。养生期的最后1天（第7天）将试件浸泡在水中，在浸泡水之前，应再次称试件的质量，水的深度应使水面在试件顶上约2.5cm，浸水的水温应与养护温度相同。将已浸水一昼夜的试件从水中取出，用软的旧布吸去试件表面的可见自由水，并称试件的质量。前6d养生期间试件质量损失（指含水率的减少）应不超过10g，质量损失超过此规定的试件，应予作废。

（6）水泥稳定碎石7d浸水无侧限抗压强度代表值，应满足$R_{代}$在规范规定范围之内。试件室内试验结果抗压强度的代表值，按下式计算：

$$R_{代} \geq R_d \tag{3-2}$$

$$R_{代} = \overline{R}(l - Z_a Cv) \tag{3-3}$$

式中：$\overline{R}$——试验结果平均值；

R_d——设计抗压强度；

Cv——试验结果的偏差系数（以小数计）；$Cv = S/\overline{R} \times 100\%$；

S——试验结果的标准差；

Z_a——标准正态分布表中随保证率（或置信度a）而变的系数，高速公路和一级公路应取保证率95%，即$Z_a = 1.645$；其他公路应取保证率90%，即$Z_a = 1.282$。

（7）取符合强度要求的最佳配合比作为水泥稳定碎石的生产配合比，用重型击实法求得最佳含水率和最大干密度，以指导施工。

（五）底基层顶工作面准备

1. 压实度强度

底基层必须具备合格的压实度和强度后，方可进行基层施工。

2. 表面缺陷处理

底基层应该没有“起皮”、“放炮”、“裂缝”、“弹簧”等现象，处理方法与路基顶处理方法相类似。

3. 清扫

基层摊铺之前应对拟摊铺路段的底基层顶面进行全面清扫，露出强度合格的底基层。并且在摊铺基层之前，底基层表面进行预湿润，使得基层与底基层结合良好。

二、水泥稳定碎石路面基层试铺路段施工

正式开工之前，应进行试铺。试铺段应选择在经验收合格的底基层上进行，其长度为300～600m左右，每一种方案试验100～200m。

水泥稳定碎石混合料采用中心站集中拌和（厂拌）法施工，由两台摊铺机梯队形摊铺作业，应避免纵向接缝。试铺路段的拌和、摊铺、碾压各道工序，按现行《公路路面基层施工技术规范》（JTJ 034—2000）规定进行。

通过试铺段要决定的主要内容有如下几个方面。

（1）验证用于施工的集料配合比例。

①调试拌和机，分别称出拌缸中不同规格的碎石、水泥、水的质量，测量其计量的准确性；

②调整拌和时间，保证混合料的均匀性；

③检查混合料含水率、集料级配、水泥剂量、7d无侧限抗压强度。

（2）确定一次铺筑的合适厚度和松铺系数（约为1.20～1.30）。

（3）确定标准施工方法。

①混合料配比的控制；

②混合料摊铺方法和适用机具（包括摊铺机的行进速度、摊铺厚度的控制方式、梯队形作业时摊铺机的间隔距离，一般5～8m）；

③含水率的增加和控制方法；

④压实机械的选择和组合，压实的顺序、速度和遍数；

⑤拌和、运输、摊铺和碾压机械的协调和配合。

（4）确定每一作业段的合适长度。

（5）严密组织拌和、运输、碾压等工序，缩短延迟时间。检验标准见表3-3，其中试铺段的检验频率应是标准中规定正式路面的2～3倍。

三、水泥稳定碎石基层施工

（一）一般要求

（1）清除作业面表面的浮土、积水等，并将作业面表面洒水湿润。

（2）开始摊铺的前一天要进行测量放样，按摊铺机宽度与传感器间距，一般在直线上间隔为10m，在平曲线上为5m，做出标记。并打好导向控制线支架，根据松铺系数算出松铺厚度，决定导向控制线高度，挂好导向控制线，测量精度按部颁标准控制。

（二）混合料的拌和

（1）开始拌和前，拌和厂的备料应能满足 3～5d 的摊铺用料。

（2）每天开始搅拌前，应检查场内各处集料的含水率，计算当天的配合比，外加水与天然含水量的总和要比最佳含水率略高。实际的水泥剂量可以大于混合料组成设计时确定的水泥剂量约 0.5%，但是，实际采用的水泥剂量和现场抽检的实际水泥剂量宜小于5.0%。

（3）每天开始搅拌之后，出料时要取样检查是否符合设计的配合比，进行正式生产之后，每 2 小时检查一次拌和情况，抽检其配比、含水率是否变化。高温作业时，早晚与中午的含水率要有区别，要按温度变化及时调整。

（4）拌和机出料不允许采取自由跌落式的落地成堆、装载机装料运输的办法。一定要配备带活门漏斗的料仓，由漏斗出料直接装车运输；装车时车辆应前后移动，分三次装料，避免混合料离析。装料顺序，如图 3-8 所示。

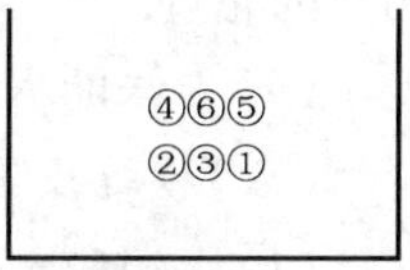

④⑥⑤
②③①

图 3-8　装料顺序示意图

（三）混合料的运输

（1）运输车辆在每天开工前，要检验其完好情况；装料前应将车厢清洗干净。运输车辆数量一定要满足拌和出料与摊铺需要，并略有富余。

（2）应尽快将拌成的混合料运送到铺筑现场。车上的混合料应覆盖，减少水分损失。如运输车辆中途出现故障，必须立即以最短时间排除；当排除故障出现困难、车内混合料不能在初凝时间内运到工地或碾压完成最终时间超过 2h 时，必须将混合料予以废弃。

（四）混合料的摊铺

（1）摊铺前应将底基层或基层下层适当洒水湿润。

（2）摊铺前应检查摊铺机各部分运转情况，而且每天坚持重复此项工作。

（3）调整好传感器臂与导向控制线的关系；严格控制基层厚度和高程，保证路拱横坡度满足设计要求。

（4）摊铺机宜连续摊铺。如拌和机生产能力较小，在用摊铺机摊铺混合料时，应采用最低速度摊铺，禁止摊铺机停机待料。根据经验，摊铺机的摊铺速度宜在 1m/min 左右。

（5）基层混合料摊铺应采用两台摊铺机梯队形作业，一前一后应保证速度一致、摊铺厚度一致、松铺系数一致、路拱坡度一致、摊铺平整度一致、振动频率一致等。两台摊铺机摊铺要接缝平整。

（6）摊铺机的螺旋布料器，应有 2/3 埋入混合料中。

（7）在摊铺机后面应设专人消除细集料离析现象，特别应该铲除局部粗集料“窝”，并用新拌混合料填补。

（五）混合料的碾压

（1）每台摊铺机后面，应紧跟三轮或双钢轮压路机、振动压路机和轮胎压路机进行碾压，一次碾压长度一般为 50～80m。

（2）碾压应遵循生产试验路段确定的程序与工艺。注意稳压要充分，振压不起浪、不推移。压实时，可以先稳压（遍数适中，压实度达到 90%）→开始轻振动碾压→再重振动碾压→最后胶轮稳压，压至无轮迹为止。碾压过程中，可用核子仪初查压实度；不合格时，重复再压（注意检测压实时间）。碾压完成后用灌砂法检测压实度。

（3）压路机碾压时，应重叠 1/2 轮宽。

（4）压路机倒车换挡要轻且平顺，不要拉动基层。在第一遍初步稳压时，倒车后尽量原路返回，换挡位置应在已压好的段落上，在未碾压的一头换挡倒车位置错开，要成齿状，出现个别拥包时,应专配工人进行铲平处理。

(5)压路机碾压时的建议行驶速度,第1、2遍为1.5~1.7km/h,以后各遍应为1.8~2.2km/h。

(6)压路机停车要错开,最好停在已碾压好的路段上,以免破坏基层结构。

(7)严禁压路机在已完成的或正在碾压的路段上掉头和紧急制动,以保证基层不受破坏。

(8)碾压宜在水泥终凝前及试验确定的延迟时间内完成,并达到要求的压实度,同时没有明显的轮迹。

(9)为保证水泥稳定碎石基层边缘强度,应有一定的超宽。

(六)横缝设置

(1)水泥稳定类混合料摊铺时,必须连续作业不中断,如因故中断时间超过2h,则应设横缝;每天收工之后,第二天开工的接头断面也要设置横缝;每当通过桥涵,特别是明涵、明通,在其两边需要设置横缝。基层的横缝最好与桥头搭板尾端吻合。要特别注意桥头搭板前水泥碎石的碾压。

(2)横缝应与路面车道中心线垂直设置,其设置方法有如下几个方面:

①人工将含水率合适的混合料末端整理整齐,紧靠混合料放两根方木。方木的高度应与混合料的压实厚度相同,整平紧靠方木的混合料。

②方木的另一侧用砂砾或碎石回填约3m长,其高度应略高出方木。

③将混合料碾压密实。

④在重新开始摊铺混合料之前,将砂砾或碎石和方木撤除,并将作业面顶面清扫干净。

⑤摊铺机返回到已压实层的末端,重新开始摊铺混合料。

⑥如摊铺中断超过2h,而又未按上述方法处理横向接缝,则应将摊铺机附近及其下面未压实的混合料铲除,并将已碾压密实且高程和平整度符合要求的基层末端挖成与路中心线垂直并垂直向下的断面,然后再摊铺新的混合料。

(七)养生及交通管制

(1)每一段碾压完成以后应立即开始养生,并同时进行压实度检查。

(2)养生方法:碾压完毕的水泥稳定碎石基层应立即进行养生。应将无纺土工布、麻布或草袋先浸水湿润,然后人工覆盖在碾压完成的基层顶面,覆盖2h后,再洒水养生,保持基层处于湿润状态。

(3)用洒水车洒水养生时,洒水车的喷头要用喷雾式,不得用高压式喷管,以免破坏基层结构。每天洒水次数应视气候而定,整个养生期间应始终保持水泥稳定碎石基层表面湿润。

(4)上基层养生期不应少于7d。养生期内洒水车必须在老路面上行驶。

(5)在养生期间应封闭交通。

四、水泥稳定碎石基层质量管理及检查验收

(1)水泥剂量的测定用料,应在拌和机拌和后取样,并立即送到工地试验室进行滴定试验。

(2)水泥用量除用滴定法检测水泥剂量要求外,还必须进行总量控制检测。

(3)高速公路和一级公路水泥稳定碎石基层的质量控制要求,如表3-7所示。

水泥稳定碎石基层的质量控制要求　　表3-7

检查项目	质量要求		质量规定		备注
	要求值或容许误差	质量要求	频率	方法	
压实度(%)	≥98%	符合技术规范要求	4处/200m/层	每层每车道1点，用灌砂法检查，采用重型击实标准	
平整度(mm)	8	平整无起伏	2处/200m	采用3m直尺连续量10尺，每尺最大间隙	
纵横高程(mm)	+5，-10	平整顺适	1断面/20m	每断面3~5点，用水准仪测量	
厚度(mm)	代表值-8 极值-15	均匀一致	1处/200m/车道	每处3点，路中及边缘任选挖坑丈量	
宽度(mm)	不小于设计	边缘线整齐，顺适，无曲折	1处/40m	用皮尺丈量	
横坡度(%)	±0.3		3个断面/100m	用水准仪测量	
水泥剂量(%)	±0.5		每2 000m² 6个以上样品	EDTA滴定及总量校核	拌和机拌和后取样
级配		符合规范范围	每2 000m²1次	水洗法	拌和机拌和后取样
强度(MPa)	≥3.0	符合设计要求	2组/每天	7d浸水抗压强度	上、下午各一组
含水率(%)	±2	最佳含水率	随时	烘干法	
外观要求	①表面平整密实，无浮石、弹簧现象； ②无明显压路机轮迹				

注：①水泥稳定碎石基层7d龄期必须能取出完整的钻件，如果取不出，则应找出不合格界限，进行返工处理。
②其他质量控制指标，按《公路工程基层施工技术规范》(JTJ 034—2000)执行。

第三节　砂砾垫层施工

在山区及盛产石料地区，砂砾常被用作路面的基层或垫层。由于它可以就地取材，开采运输容易、施工简便、造价低廉，故使用更为广泛。砂砾可以分为天然砂砾和级配砂砾。级配砂砾是经过稳定后的砂砾，又称为稳定砂砾。

天然砂砾常取自山沟、河床或海边。它不一定符合级配要求，但由于含土较少，水稳定性好，故可作为沥青路面的底基层或垫层，常起隔水、防冻等作用。

天然砂砾基层所用砂砾材料，虽无严格要求，但为了干稳性以及便于稳定成型，对于颗粒组成应给于适当控制。其颗粒组成中，大于20mm的粗集料要占40%以上；最大粒径不宜大于压实厚度的0.7倍，并不得大于50mm。

天然砂砾基(垫)层施工的关键，在于洒水碾压。砂砾摊铺均匀后，先用轻型压路机稳压几遍，接着洒水用中型压路机碾压，边压边洒水，反复碾压至稳定成型。由于天然砂砾基层的颗粒组成不属于最佳级配，且缺乏黏结性故其整体性较差，强度不高。

有些地区的天然砂砾细料含量较多，并符合级配要求。其使用范围和要求与级配砾石相同，可以作为中、低级路面的面层，也可以作为高级、次高级路面的底基层或垫层。但由于含土量大，故水稳性差，只能用在干燥路段。还要注意控制细料含量和属性指数。

因为天然砂砾材料的整体性较差，整体强度不高，故采用一定剂量的无机结合料稳定砂砾，以提高天然砂砾的整体强度，是改善天然砂砾材料路用性能的一种有效办法。通常采用的无机结合料有水泥、石灰、粉煤灰等。如水泥稳定砂砾、二灰（石灰粉煤灰）稳定砂砾等都是作为高（次）级路面非常好的基层材料。试验证明，用无机结合料稳定砂砾，其早期强度低而后期强度高，并能呈现板体性，尤以水泥稳定砂砾效果显著。

需要注意的是在进行水泥稳定砂砾施工时，由于水泥凝结时间快而要求拌和、摊铺、洒水和碾压都应与环保环环相扣，以免水泥凝结而影响质量。其施工技术要点如下：

（1）施工前应取得土路基及路槽的合格验收资料。对路基应根据压实度检查（或碾压检查和弯沉测定的结果），凡不符合设计要求的路段，必须根据具体的情况，分别采取补充碾压、换填好的材料、挖开晾晒等措施，使其达到标准。

（2）路槽质量复验合格后，应及时摊铺并做到边摊铺边碾压。

（3）运到工地的砂砾应粗细均匀，运料及摊铺宜先远后近、循序进行。

（4）厚度松铺系数由实践确定，人工摊铺混合料时，一般可用 1.3～1.4 之间的松铺系数，摊铺后进行试压。为有利于砂砾压实，砂砾石表面宜湿润，如需洒水必须控制水量，防止泡软下层土路基。

（5）碾压宜先用双轮压路机（8～10t）稳压，自路边压向路中，稳压两遍后，即时检测、找补。同时如发现砂窝或梅花现象，应将多余的砂或砾石挖出，分别掺入适量的砾石或砂，彻底翻拌均匀，并补充碾压，不能采取用粗砂或砾石覆盖处理。当混合料的含水率等于或略大于最佳含水率时，立即用 12t 以上的三轮压路机进行碾压，碾压一直进行到要求的密实度为止。碾压全过程应随碾压随洒水，使其保持最佳含水率。碾压轮迹应重叠，重叠宽度≮30cm，碾压速度一般不超过 30m/min，碾压后轮迹深度≯10mm。

（6）碾压中局部有“软弹”、“翻浆”现象，应立即停止碾压，待翻松晒干，或换含水率合适的材料后再进行碾压。

（7）两作业段的衔接处，应搭接拌和。第一段拌和后，留 5～8m 不进行碾压；第二段施工时，将前段留下未压部分，重新拌和，并与第二段一起碾压。

（8）现场施工单位质量员应随时用路拱板和 3m 直尺校正路拱、平整度、厚度等。

（9）砂砾垫层经压实验收后，应及时连续摊铺基层，无法连续铺筑基层时，应派专人保养、整平及限制交通。

思考题

1. 水泥稳定土基层、石灰稳定土基层、石灰粉煤灰稳定土基层施工的工艺流程是什么？每个步骤内容是什么？

2. 各类基层施工中，应该注意什么问题？

3. 各类基层施工，对材料有什么要求？

4. 根据基层施工配合比，混合料掺配比例应如何计算？

5. 砂砾垫层施工技术要点有哪些？

第四章　水泥混凝土路面施工

学习要点

了解水泥混凝土路面施工前准备工作及施工管理工作，掌握水泥混凝土路面施工工艺和质量控制方法。

本章重点

水泥混凝土路面施工。

本章难点

水泥混凝土施工及质量控制方法。

第一节　施 工 准 备

根据公路工程建设工期安排，或路基施工即将完工之前一定时间内，施工单位就应着手进行路面施工的各种准备工作。施工单位的施工准备工作千头万绪，涉及面广，必须有计划、按步骤、分阶段地进行，才能在较短的时间内为工程的开工创造必要的条件。

如果路面施工单位和路基施工单位是同一个施工单位，那么其施工组织结构不会发生改变，仅是调整施工队伍，由路基施工队伍，调换为路面施工队伍，或进行适当的人员及设备调整；若是新的施工单位（承包人），那么就应提前进行施工前的各种准备工作。

准备工作的基本任务是了解施工的客观条件，根据工程的特点、进度要求，合理安排施工力量，从人力、物质、技术和施工组织等方面为工程施工创造一切必要的条件。

路面施工前的准备工作除与路基施工准备类同的外，主要有确定料源及进场材料的质量检验、机械选型与配套、拌和厂选址、修筑试验路段等项工作。

一、组 织 准 备

组织准备，包括建立健全施工组织机构和组建施工队伍。

1．建立施工组织机构

我国与国际施工惯例接轨，工程建设已全部按照 FIDIC 合同条件进行施工与监理，因此对一个施工单位来讲，主要是实行项目经理负责制，即项目经理全面负责的目标责任制。

2．组建施工队伍

根据所承担的工程量的大小和工期要求，安排出总进度计划网络图，进一步估算全部工程用工工日数，平均日出工人数，施工高峰期日出工人数，以及技术工种、机械操作工种、普通工种等用工比例，选择能够适应其工程质量、工期进度要求的作业队伍，并与施工劳动作业单位签订《劳务合同》，实行合同管理。

考虑到所担负工程的具体情况，结合施工队伍施工特点、技术装备情况、技术熟练程度和施工能力，施工队伍应进行适当的培训，以满足工程施工的要求。

二、物 质 准 备

1．机械及工具准备

根据工程需要、工程量大小及施工进度，配备足够数量且有效的施工机械、设备及工具。机械设备要配套选择，充分发挥机械设备的性能，要保证机械设备的正常操作使用。

2．材料准备

(1)编好材料预算，提出材料的需用量计划及加工计划；

(2)根据施工平面图安排，落实材料的堆放和临时仓库设施；

(3)组织材料的分批进场；

(4)组织材料的加工准备，尽可能地集中加工。

3．生活设施准备

生活设施准备，即工地人员的食宿、办公设施，房舍及生活必需设备，安全及劳动防护用品等的准备。

4．安全防护准备

安全工作要以预防为主，尽最大努力消除事故隐患。

三、技 术 准 备

1．熟悉设计文件

熟悉设计文件，主要是领会文件精神，注意设计文件中所采用的各项技术指标，考虑其技术经济的合理性和施工的可能性。

2．编制施工方案

编制施工方案，主要是编制施工进度图和概、预算控制文件等。

3．技术交底

技术交底即把设计对施工的要求、施工方案及措施传达到基层甚至每个工人，这是落实技术责任制的前提。施工前应向参加施工的技术人员，进行贯彻施工技术和操作规程的技术交底工作。

在每一单位工程或分部(分项)工程开工前，均应进行技术交底，以保证严格按照施工图、施工组织设计、施工操作规程、安全生产规程、工程施工及验收规程和其他技术规程进行施工作业。

技术交底应按工程情况分级进行。重要工程应先由项目经理部向施工队交底，施工队向班组交底；一般工程应由施工队的单位工程技术负责人向班组长和工人交底。其内容主要包括：

(1)说明有关工程的各项技术要求；

(2)指出图纸上必须注意的尺寸、轴线、高程、构造物的位置、规格和数量；

(3)使用材料的品种、规格等级、配合比和质量要求；

(4)施工方法、施工顺序，各班组及各工种之间交叉配合注意事项；

(5)工程质量要求和安全操作要求；

(6)设计变更情况等。

上述各项交底一般用口头方式,辅以图表,必要时可做示范操作或建立质量样板,以使上岗人员充分掌握要领。

4. 施工测量

工程开工前,要对业主及设计单位提供的现场控制桩等进行施工测量即现场复核,确认无误后才能使用。

5. 清理现场

根据施工放样所确定的位置,清理施工现场,为施工做好充分的准备。

四、路面施工组织现场

基于以上各点,路面施工组织的要点如下:

1. 路面施工组织的特点

(1)路面除了基层或面层的构造有变化外,每公里的工作量大致是相同的。因此,路面工作队就可以保持比较固定的组织,就能按更均衡的流水速度向前推进。

(2)在设计路面施工日程以及各工序的推进速度时,必须考虑路面施工的特殊技术要求。

(3)由于路面用料数量很大,以及对于下面层各层的平整度有一定的要求,所以堆料地点、运料路线以及机械的行驶位置都应予以适当的规定,这就是说要做好工地布置。

(4)铺筑不同的基层或面层时,要根据各工序的繁重程度以及所遇到的具体情况,决定哪种机械是主导机械。

2. 路面工程施工组织设计的编制

(1)根据设计路面的类型,进行料场勘察与选择,确定材料供应范围及加工方法。

(2)选择施工方法和设计工序。

(3)计算工作量。

(4)编制流水作业图,布置工地,组织施工队伍。

(5)编制工程进度日程图。

(6)计算所需资源(劳动力、机械、材料)及平衡分期的需要量、编制材料运输日程计划。

五、确定料源及进场材料的质量检验

所有路面结构材料,均应进行质量检验合格后方可进场。

1. 结合材料

每批结合材料到货均应检验生产厂家所附的试验报告,检查装运数量、装运日期、订货数量、试验结果等。结合材料的试验项目应按规范要求进行常规检测,有时根据合同要求,可增加其他非常规测试项目。

2. 石料

石料的料场选择,主要是根据路面要求检查石料的技术标准能否满足要求,是否具有开采条件,并对各个料场采取样品、制备试件、进行试验,并考虑经济性等问题后确定。

3. 砂、石屑及矿粉

砂的质量是确定砂料场的主要条件,进场的砂、石屑、矿粉应满足规定的质量要求。

六、拌和设备的选择及场地布置

1. 拌和设备选择

通常,根据工程量和工期选择拌和设备的生产能力。而且,其生产能力应和摊铺能力相匹配,不应低于摊铺能力,最好高于摊铺能力5%左右。高等级公路路面施工,应选用拌和能力较大的设备。生产能力大的设备,其单位产品所消耗的人工、燃料和易损配件等费用较低。

2. 拌和厂的选址与布置

拌和设备的各个组成部分的总体布置,都应满足紧凑、相互密切配合又互不干扰各自工作的原则。厂址不宜选在目前或规划的居民区,但是又要满足拌和对供电和给(排)水的要求。厂址离施工工地距离要近,还应处于主交通干线或至少有7m宽路面道路的旁边。在选择好厂址后,就要根据其生产能力估算场地面积。场地形状以矩形为佳,场地内的各项设施和布置应协调。一般说来,设备的主体应布置在中央位置,办公楼、宿舍和试验室等居舍应位于厂进口处,并沿路边修建。砂石料堆场或储料仓设在后边(相对于厂进口方向),既要便于向搅拌设备供料,又要便于车辆从外面运进和卸料。

七、现 场 准 备

1. 土基检查

路面施工前,应按照有关路面结构层的施工技术规范的规定,对土基进行严格的检查,如发现软弱、弹簧等现象,必须及时处理。

2. 路面放样

在路面施工前,根据路面施工和施工放样精度要求,恢复路面中线。还要根据路面各结构层的宽度和厚度分别放样,钉施工指示边桩、标宽度线、钉钢筋架、挂钢丝线等,以指导路面施工。

3. 交通管理

对施工范围内的公路两端和必经的交叉路口,要采取有效的措施,进行交通管理维护交通秩序,以确保施工安全。对于交通开放的旧路施工,更应做好交通管理工作。

八、施工机械配套与检查

根据工程量的大小、工期要求、施工现场条件、工程质量要求,按施工机械应互相匹配的原则,确定合理的机械类型、数量及组合方式,并对选用的各种施工机具作全面检查。

(1)拌和与运输设备的检查。混合料拌和设备在开始运转前要进行一次全面检查,注意连接的紧固情况;注意检查电气系统。对于机械传动部分,还要检查传动链的张紧度。

(2)洒油车应检查油泵系统、洒油管道、量油表、保温设备等有无故障。并将一定数量沥青装入油罐,在路上先试洒,校核其洒油量。

(3)摊铺机应检查其规格和主要机械性能,如振捣板、振动器、熨平板、螺旋摊铺机、离合器、刮板送料器、料斗闸门、厚度调节器、自动找平装置等是否正常。

(4)压路机应检查其规格和主要机械性能(转向、起动、振动、停驶、倒退等方面的能力)及滚筒表面的磨损情况。

九、修筑试验路段

高速公路和一级公路，或采用新工艺、新技术、新方法或缺乏施工经验的路面工程，在大面积施工前，应采用计划使用的机械设备和混合料配合比铺筑试验段。通过试验段修筑，优化拌和、运输、摊铺、碾压等施工机械设备的组合和施工工序；提出验证混合料生产配合比；明确人员的岗位职责；最后提出标准施工方法。

第二节　水泥混凝土滑模施工

一、滑模施工工艺流程

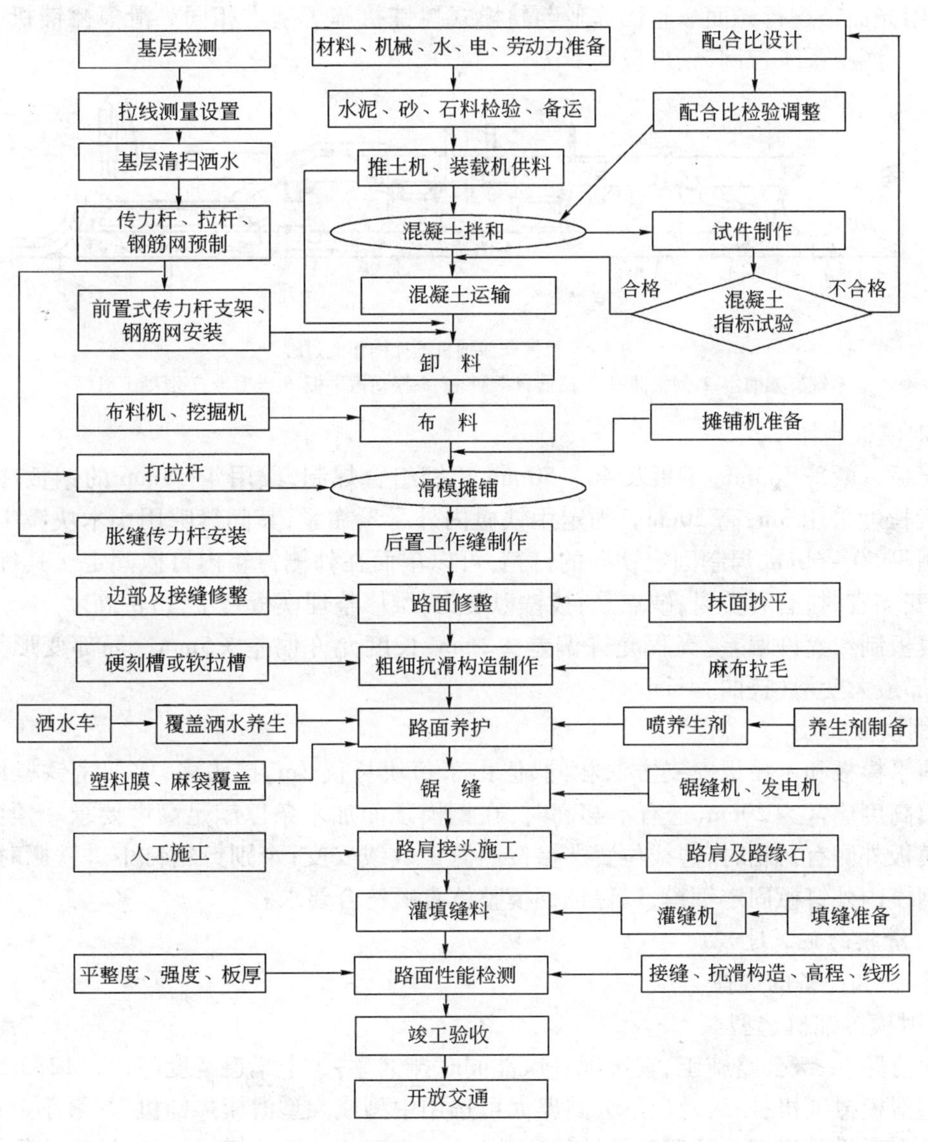

图 4-1　水泥混凝土路面滑模施工工艺流程

水泥混凝土采用滑模摊铺机铺筑路面,其特征是不架设边缘固定模板,能够一次实现布料摊铺、振捣密实、挤压成型、抹面修饰等混凝土路面摊铺功能。此工艺即称为水泥混凝土路面滑模摊铺。

(一)滑模施工工艺流程

水泥混凝土路面滑模施工的施工组织,必须根据施工工艺流程的要求来进行。其施工工艺流程,如图4-1所示。

滑模式摊铺机施工混凝土路面不需要轨模,摊铺机支承在四个液压缸上,两侧设置有随机移动的固定滑模,摊铺厚度通过摊铺机上下移动来调整。滑模式摊铺机一次通过即可完成摊铺、振捣、整平等多道工序,其作业过程如图4-2所示。铺筑混凝土时,首先由螺旋式布料器将堆积在基层上的混凝土拌和物横向铺开,刮平器进行初步刮平;然后振捣器进行捣实;随后刮平板进行振捣后的整平,形成密实而平整的表面,再使用搓动式振捣板对拌和物进行振实和整平;最后用光面带进行光面。整面作业与轨模式摊铺机施工基本相同。滑模摊铺机的整面装置均由电子液压系统控制,精度较高。

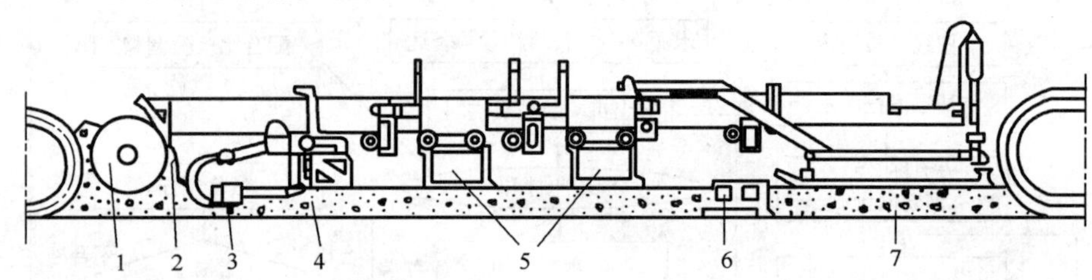

图4-2　滑模式摊铺机的摊铺作业过程

1-螺旋摊铺器;2-刮平器;3-振捣器;4-刮平板;5-振动振平板;6-光面带;7-混凝土面层

1. 钢模板制作

钢模板一般采用3mm钢板及40~50mm角钢组合焊制,或用4~5mm的钢板冲压制成。钢模一般长度采用3m,高20cm。固定用铁橛内外尽量靠紧,其间缝隙用小木块锲牢,也可在模板外侧隔50~60cm焊制固定铁橛的钉箱,可以单面在外侧钉箱内钉橛固定。其优点是:模板平直,安支省时,有利质量;缺点是:拔铁橛费力,维修整理模板费工,造价高。

钢模板制作允许偏差:高程允许偏差±2mm,长度允许偏差±5mm。局部变形允许偏差3mm,中部最大变形(挠曲)4mm。

2. 钢模板安装

单面平模板和木模板安支方法相同,但由于每块长仅3m,接头多,要加密铁橛以保证直顺。钢模高度通常为20cm,遇有不够高时,在钢模顶面加木条以满足高度要求。顶面必须测平。钢模板外侧有钉箱时,边线位置严格按照测量放线安支;个别钉箱钉不进铁橛时,可在箱外紧靠钢模内外钉橛固定钢模,以保证钢模整体直顺符合要求。

(二)滑模的施工过程

1. 材料和设备的选择

(1)滑模摊铺机选型

高速公路、一级公路施工,宜选配一次能同时摊铺2~3个车道宽度(7.5~12.5m)的大型或特大型滑模摊铺机;二级及以下公路路面可选用中型或大型滑模摊铺机,其最小摊铺宽度不得小于单车道设计宽度。硬路肩的摊铺宜选配中、小型多功能油模摊铺机,并宜连体一次摊铺路缘石。

(2)抗滑构造施工机械

抗滑构造施工机械,可采用拉毛养生机或人工软拉槽制作抗滑沟槽。工程规模大、日摊铺进度快时,宜采用拉毛养生机。高速公路、一级公路宜采用刻槽机进行刻槽,其刻槽作业宽度不宜小于500mm,所配备的硬刻槽机数量及刻槽能力,应与滑模摊铺进度相匹配。

(3)切缝机械

滑模摊铺混凝土路面的切缝,可使用软锯缝机、支架式硬锯缝机和普通锯缝机。

(4)滑模摊铺系统配套

滑模摊铺前台设备配套有重型和轻型之分,重型配置前台有布料机、摊铺机和拉毛养生机。重型设备的优点是施工钢筋混凝土路面和桥面很便捷;缺点是前台设备越多,出故障的概率越高。国内大部分为轻型配置,只有一台摊铺机,其缺点是人工辅助工作量大,且需其他设备辅助施工钢筋混凝土桥面。但实践证明,轻型设备也能施工优质混凝土路面,国内滑模施工最快日进度和最高的平整度都是在轻型设备上实现的。

2. 基准线设置

设置基准线是为了滑模摊铺机建立一个高程、纵横坡、板厚、摊铺中线、弯道及平整度等基本几何位置的基准参照系。

滑模摊铺混凝土路面的拉线设置与沥青路面非常接近,可以有几种摊铺基准设置方式:拉线、滑靴、铝方管和多轮支架等。我国仅规定使用拉线方式,它与沥青路面摊铺上面层和中面层不同的是上基层的平整度达不到路面的严格要求。

(1)基准线设置形式

滑模摊铺混凝土路面的施工,应设置基准线。基准线设置形式,有单向坡双线式、单向坡单线式和双向坡双线式三种。

(2)基准线设置精确度

基准线的设备精确度,应符合表4-1规定。

基准线设置精确度的要求 表4-1

项　目	中线平面偏位(mm)	路面宽度偏差(mm)	面板厚度(mm)		纵断高程偏差(mm)	横坡偏差(%)	连接纵缝高差(mm)
			代表值	极值			
规定值	≤10	≤ +15	≥ −13	≥ −8	±5	±0.10	±1.5

(3)基准线器具

基准线器具,包括基准线、线桩和安装器具。

(4)基准线保护

基准线是为摊铺机上的4个水平传感器2个方向传感器,提供一个精确的与路面平行的水平(横坡)和直线(转弯)方向平面参考系。路面摊铺的几何精度和平整度,很大程度上取决于基准线的测设精度。水平参考系的精度,一般是由测桩水平面与基准线之间保持相同的距离来控制和保证。所以,基准线是滑模施工混凝土路面的“生命线”。准确安装设置基准线对于滑模摊铺极其重要。

3. 摊铺现场准备

(1)基层与封层表面处理

基层、封层表面及履带行走部位,应清扫干净。摊铺面板位置应洒水湿润,但不得积水。

(2)测量放样

用全站仪按设计坐标准确放出挂线点的位置,挂线桩间距为:平面直线段每10m一桩;圆曲线段、平面纵曲线或纵面竖曲线加密到5m一桩,并做好标志。

(3)板厚检查

板厚控制必须在摊铺前的拉线上进行,并要求场站监理认可。必须严格控制基层高程;同时,在面板高程误差范围内,可适当调整面板(拉线)高程,但应在30m以上长度内调整。

(4)传力杆支架固定点放样

一个传力杆支架用2×4个点来固定。可以制作一个放样模,借助放好的挂线点,用模板来放出固定点。并在固定点处用冲击钻钻直径14mm、深70mm的孔,在钻好的孔中打入木钉。

(5)连接纵缝处理

横向连接摊铺时,前次摊铺路面纵缝溜肩胀宽部位应切割顺直。侧边拉杆应校正扳直,缺少的拉杆应钻孔锚固植入。纵向施工缝的上半部缝壁,应满涂沥青。这些是保证纵缝顺直及防水密封的措施。

(6)安放传力杆及钢筋网

按设计位置先打好木钉,摆放传力杆支架。具体操作为:两人将沿线摆放在一边的传力杆支架抬放到木钉处,在木钉中钉入圆钢钉将其固定。用脚轻推传力杆支架,以不摆动为合格。

传力杆支架检查合格后,人工配合挖掘机将混凝土布入传力杆支架中,以刚能盖平传力杆为限;再用插入式振捣器将其振捣,切忌传力杆支架上过多覆盖混凝土与过分振实,以免摊铺机布料经过时,因松铺密实度不均,造成经摊铺机振捣过后传力杆处面板厚度不均、收缩不一致,导致平整度受到影响。

4. 卸料、布料

(1)卸料采用自卸汽车运料,正面直接卸在基层上。因此,必须有专人指挥车辆卸料。要求卸料分布均匀,不欠料也不多料,料位高度应在螺旋布料器叶片最高点以下,最高料位不得高于松方控制板上缘。螺旋布料器前拌和物的高度保持在螺旋布料器高度的1/2~2/3,过低会造成拌和物供应不足,过高则摊铺机会因阻力过大而造成机身上翘。

(2)布料当坍落度在10~50mm时,布料松铺系数宜控制在1.08~1.15之间。布料机与滑模摊铺机之间施工距离,宜控制在5~10m。

卸料、布料应与摊铺速度相协调。

5. 摊铺

(1)滑模摊铺机的施工参数设定及校准

摊铺开始前,应对摊铺机进行全面性能检查和正确的施工部件位置参数设定。摊铺机的工作机构、施工位置的正确设定,是滑模摊铺技术中的最关键的技术环节之一;也是摊铺机调试当中的最主要的内容。实际上,工作参数设置得不正确,那是无论如何也摊铺不出高质量路面的。

(2)滑模摊铺机摊铺作业操作要点

摊铺过程中的操作要领,来源于振动黏度理论和摊铺机工艺设计原理。最重要的是滑模摊铺机与其他工艺不同的是必须一遍铺成,达到密实、排气充分、挤压平整、外观规矩之目的,不能倒车重铺。滑模式摊铺机工作速度,一般为0.8~1.0m/min。

①布料器的控制

目前常用的是螺旋式布料器,这种布料器具有二次搅拌的功能,使布料均匀、离析小。布料时一定要控制好布料的数量,不宜过多或过少。特别要重视两侧均衡,边角的料一定要充足。

②进料门的控制

进料门是滑模摊铺施工的第一关,控制好了,施工顺利;反之不仅平整度差,还会损坏机械。控制进料门的依据,是振捣仓内的料位高度。

③摊铺机施工的行进速度控制

操作滑模摊铺机应缓慢、匀速、连续不间断地作业,根据拌和能力可在 1 ~2m/min 之间选择。

④振捣频率的控制

正常摊铺时,振捣频率可在 6 000 ~11 000rad/s 之间调整,宜采用 9 000rad/s 左右的频率。振捣时,应防止混凝土过振、欠振或漏振;应根据混凝土的稠度大小,随时调整摊铺的振捣频率或速度。

⑤控制成型密度

经过捣实后的混凝土能进入成型模板,成型模板可根据施工要求调整成喇叭口、内八字形、仰角及路拱等。成型模板与左、右两侧模板组合可调整成前宽后窄的喇叭口形,使更多的混凝土能进入,随后受到挤压,增加混凝土的密实度。成型模板调整成有一仰角,同样能使更多的混凝土进入。随后受到挤压。仰角大小根据施工情况而定,但要注意仰角过大也会影响摊铺质量,使路面表面不光滑,同时增加行进阻力,一般控制在 2° ~5°之间。

⑥加设加长滑模板

为了减少水泥混凝土的塌边,于摊铺机后设有加长模板。其与侧模板组合,可调整成侧模端上窄、下宽;加长模板也上窄、下宽,外边缘略高,向内收,成为内八字形。当摊铺机过后,由于水泥混凝土的收缩作用,上边缘高的部分微微塌落,正好消除内八字形,使两侧上、下轮廓线正好形成直角,而表面横坡形状正好符合要求,这样能防止混凝土因坍落度稍大而塌边,保证了施工质量。

⑦拉杆置入

摊铺单车道路面,应视路面的设计要求配置一侧或双侧打入纵缝拉杆的机械装置。纵向打拉杆位置的正确插入位置,应在挤压底板的下中间或偏后部。拉杆打入分手推、液压、气压几种方式,压力应满足一次打(推)到位的要求,不允许多次打入或人工后打。滑模摊铺是没有固定模板的快速施工方式,在毫无支撑的软混凝土路面边侧或中间打拉杆,造成塌边和破坏是显而易见的。

同时摊铺 2 个以上车道时,除侧向打拉杆的装置外,还应在假纵缝位置中间配置 1 个以上中间拉杆自动插入装置。该装置有机前插和机后插 2 种配置:前插时,应保证拉杆的设置位置;后插时,要消除插入上部混凝土的破损缺陷,应有振动搓平梁或局部振动板来保证修复插入缺陷,保证其插入部位混凝土的密实度。带振动搓平梁和振动修复板的滑模摊铺机,应选择机后插入式;其他滑模摊铺机,可使用机前插入式。打入的拉杆必须处在路面板厚中间位置。中间和侧向拉杆打入的高低、误差,均不得大于 ±2cm;其前后误差,不得大于 ±3m。

⑧做横向工作缝

每天工作结束或是摊铺过程中因故中断作业时,中断时间超过初凝时间的 2/3,则必须设置横向施工缝。施工缝的设置位置应与胀缝或缩缝设计位置相吻合,并与路中线垂直。横向施工缝,采用平缝加传力杆方式。

⑨横向连接摊铺

后幅横向连接摊铺时，摊铺机的履带有一边要在先铺筑的面板上通行。因此，控制先铺筑面板的养护时间应不少于7d。对纵缝的连接部位先进行人工修整，要求连接缝顺直，横向平整度不大于3mm，极值不超过5mm，并校正前幅已设好的拉杆，在侧立面上半部涂刷沥青。滑模连接摊铺过后，要清理干净粘在前幅板面上的砂浆，要求应清刷出抗滑沟槽来。同时还应使第二幅的抗滑沟槽与前幅的抗滑沟槽一一对应，以利排水。

滑模式摊铺机摊铺混凝土路面板时，可能会出现板边塌陷、麻面、气泡等问题，应及时采取措施进行处理。塌陷的主要形式为边缘坍落、松散无边或倒边。造成塌边的主要原因是模板边缘调整角度不正确，摊铺速度过慢。边缘坍落会影响路面的平整度，使横坡达不到设计要求；双幅施工时，会造成路面排水不畅。因此，应根据混凝土拌和物的坍落度调整出一定的预抛高，使混凝土坍落变形后恰好符合设计要求。造成倒边和松散无边的主要原因，是集料针片状或圆状颗粒含量较多而造成拌和物成型性差、离析严重。此外，混凝土配合比不当、摊铺机的布料器将混凝土稀浆分到两侧也会导致倒边。为防止各种原因造成的倒边，应采用拌和质量好的搅拌机。施工过程中出现集料集中时，应将集料分散、除去或进行二次布料。麻面主要是由混凝土拌和物坍落值过低造成的，混合料拌和不均匀也是原因之一。因此，应严格控制混凝土拌和物的坍落度，使用计量准确且拌和效果好的搅拌机，同时对混凝土的配合比作适当调整。

二、混凝土面板的养生

混凝土板抗滑沟槽软拉制作完毕后应立即养生。滑模摊铺水泥混凝土路面，宜采用喷洒养护剂及覆盖的方式养生。

1. 养护剂养生

关于养护剂，目前还没有一个统一的国内和行业规范标准，但使用养护剂的优点是显而易见的。首先，阻止混凝土表面水分的散失，这样就可以大大延长养生时间，只要养护剂没有被磨掉，路面始终处于养生当中，而不受撤除养生的时间限制；其次，在较短的时间内增加混凝土的抗压、抗弯拉强度，提高混凝土表面硬度和耐磨度，从而延长路面的使用寿命；第三，使用养护剂是有效防止塑性收缩裂缝出现的关键措施之一。

养护剂的使用主要是注意控制喷洒养生剂的厚度，标准是足以形成一层完全封闭的薄膜，喷洒必须均匀，不能漏喷、多喷，喷洒后的混凝土路面不得出现明显的颜色差异。

2. 覆盖、洒水养生

高速公路路面施工中，除按规定采用喷洒养护剂养生外，还要求使用麻袋覆盖养生，并及时洒水，每天洒水遍数由现场施工情况而定。保证在任何气候条件下，保持麻袋底部在养生期间始终处于湿润状态。一般养生时间宜为2～3周。

3. 雨季施工养生

采用的方法之一是盖塑料薄膜，薄膜长度应大于覆盖面60cm；两条薄膜对接时，搭接宽度不应小于40cm，并在薄膜上加盖细土或细砂压严实，以防止被风吹破或掀起；方法之二是用钢管做若干个长10m、大于路面宽度2m左右的防雨棚，为便于拖拉，安装四个车轮，随摊铺机后移动。

4. 养生期间的保护

混凝土板在养生期间和填缝前，严禁人、畜、车辆通行，防止对路面造成难以弥补的破坏。在达到大于设计抗弯拉强度的80%，并撤除养生覆盖物之后，方可通行。

三、冬季和夏季施工

1. 夏季施工

(1)施工现场的气温高于30℃,拌和物摊铺温度在30~35℃,同时,空气相对湿度小于80%时,混凝土路面和桥面的施工应按高温季节施工的规定进行。

(2)高温天气铺筑混凝土路面和桥面,应采取下列措施:

①当现场气温大于等于30℃时,应避开中午高温时段施工,可选择在早晨、傍晚或夜间施工。夜间施工应有良好的操作照明,并确保施工安全。

②砂石料堆应设遮阳篷;抽用地下冷水或采用冰屑水拌和;拌和物中宜加允许最大掺量的粉煤灰或磨细矿渣,但不宜掺硅灰。拌和物中应掺足够剂量的缓凝剂、高温缓凝剂、保塑剂或缓凝(高效)减水剂等。

③自卸车上的混凝土拌和物应加遮盖。

④应加快施工各环节的衔接,尽量压缩搅拌、运输、摊铺、饰面等各工艺环节所耗费的时间。

⑤可使用防雨篷作防晒遮荫篷,在每日气温最高和日照最强烈时段遮荫。

⑥高温天气施工时,混凝土拌和物的出料温度不宜超过35℃,并应随时监测气温、水泥、拌和水、拌和物及路面混凝土温度。必要时加测混凝土水热。

⑦在采用覆盖保湿养生时,应加强洒水,并保持足够的湿度。

⑧切缝应视混凝土强度的增长情况或按250温度小时计,宜比常温施工适当提早切缝,以防止断板。特别是在夜间降温幅度较大或降雨时,应提早切缝。

2. 冬季施工

混凝土强度的增长,主要依靠水泥的水化作用。温度高,混凝土水化作用迅速完成,强度增长快;温度低,则水化作用缓慢,强度增长慢。若在日平均温度低于5℃或最低气温低于0℃时施工,必须采取冬季施工措施;若日平均气温低于0℃,一般应停止施工。

冬季温度降到0℃以下时(一般混凝土冻结温度为-3℃),具有和易性的混凝土即产生冰冻,表面则产生冰晶;混凝土解冻后,这种印迹仍然存在。早期受冻的混凝土强度可降低40%~50%,强度大幅度降低的原因为:结冰时混凝土中水的体积增加9%,解冻后则不再恢复;集料周围有层水膜或水泥浆膜,在结冰后其黏结力被破坏。

严重受冻的混凝土,可以形成一堆互不起作用的混合物。因此,混凝土路面应尽可能在气温高于5℃时进行施工。当昼夜平均气温在5℃与-5℃之间时,为保证混凝土受冻前至少能达到设计强度的70%左右,应采取下列措施。

(1)原材料加热法

拌制混凝土的水加热至80℃,应在加入水泥以前先放入集料;或者把水和砂石料一起加热至60~70℃,保证混凝土在拌制时的温度不超过40℃,摊铺后的温度不低于10~20℃。收水抹面结束后,即覆盖双层干草帘保温,冬季负温时不必洒水,水泥板要在0℃以上的温度条件下保持7h以上,即可达到28d强度的50%~60%。如果气温更低,或不具备材料加热条件,则可考虑添加总量不超过2%氯化钙或氯化钠,同时掺入等量的亚硝酸钠。

(2)外加混凝土早强剂

常用的一种早强剂是氯化钙和其他氯盐。其掺量为:普通混凝土2%,钢筋混凝土1%,预应力混凝土中禁止使用氯化钙和其他氯盐(以水泥质量计)。使用前溶成30%~35%的溶液同拌和水一起加入搅拌机内。掺量过多,会使混凝土结构破坏引起凝结过快,造成无法施工,同时会引起混凝土体积收缩,产生裂缝,降低强度。在电信和电力电缆导电范围内,不得使用氯化物,以防导电。使用氯化钙早强剂有许多优点,使用方便,易溶于水,价廉易得,能防止混凝土早强冻结,有利于冬季施工。其主要缺点是加剧钢筋锈蚀(锈蚀可引起结构的破坏),因此,有些国家禁用于钢筋混凝土中,在我国规定在钢筋混凝土中,掺量不得超过水泥质量的2%,也不得超过6kg/m^3。氯化钙和氯化钠两种早强剂不得同时使用。如氯化钙同亚硝酸钠(阻锈剂)同时掺用,能抑制钢筋锈蚀。

(3)保温电热法

将保温棚四周用油布遮好,在离浇筑好的混凝土距地面1.5m处高的地方每隔3m间隔各挂一只100W的灯泡,连续通电72h后,其强度也能达到设计强度的50%以上。

另外,应当指出收水抹面不许另加干水泥或干拌水泥黄砂,否则日后易起壳脱落。

下午浇筑的混凝土,应在防雨保温棚内进行收水抹面工作。保温棚周围应用塑料布密封,不使混凝土水化过程中放出的热量和水气散失,以保持一定温度(不得低于0℃)和湿度,保证混凝土强度的增长。

混凝土浇筑后,当表面有相当硬度(即用手指轻轻按上去没有痕迹)时,应铺1~2层草包。若遇雨雪,必须再加盖油布保温,保温期为3~5d。

混凝土的浇水养生工作一般宜在第二天上午进行,下午不宜浇水;若温度低于5℃也不宜浇水。

思考题

1. 水泥混凝土路面施工前应做哪些准备工作?
2. 水泥混凝土路面施工的工艺流程有哪些?每个步骤内容有哪些?
3. 各类基层施工中,应该注意哪些问题?
4. 各类基层施工对材料有什么要求?
5. 根据基层施工配合比,混合料掺配比例应如何计算?
6. 钢模板如何制作?

第五章　沥青路面施工

学习目标

熟悉沥青路面施工顺序,掌握沥青路面施工方法。

本章重点

沥青封层、黏层及普通沥青混凝土施工。

本章难点

沥青路面施工各个层次的衔接、施工工艺及质量控制。

沥青路面施工按照结构层次和施工顺序一般包括:透层、封层施工;下面层施工;黏层施工;中面层施工;黏层施工及上面层施工。江苏地区,在基层采用密级配的半刚性材料时,只在基层上做封层,然后进行下面层施工。下面,我们重点介绍一下封层、黏层及普通沥青混凝土施工。

第一节　沥青封层、黏层施工

一、上　封　层

基层施工结束后要间隔一定时间施工沥青面层,并且其上要求车辆行驶的,须做上封层。

(1)根据情况可选择乳化沥青稀浆封层、微表处、改性沥青集料封层、薄层磨耗层或其他适宜的材料。

(2)铺设上封层的下卧层必须彻底清扫干净,对车辙、坑槽、裂缝进行处理或挖补。

(3)上封层的类型根据使用目的、路面的破损程度选用。

①裂缝较细、较密的,可采用涂洒类密封剂、软化再生剂等涂刷罩面;

②对二级及二级以下公路的旧沥青路面,可以采用普通的乳化沥青稀浆封层,也可在喷洒道路石油沥青后撒布石屑(砂)后碾压做封层;

③对高速公路、一级公路有轻微损坏的,宜铺筑微表处;

④对用于改善抗滑性能的上封层,可采用稀浆封层、微表处或改性沥青集料封层。

二、下　封　层

基层施工结束后,即进行沥青路面施工的,可以做下封层。

(1)多雨潮湿地区的高速公路、一级公路的沥青面层空隙率较大,有严重渗水可能,或铺筑基层不能及时铺筑沥青面层而需通行车辆时,宜在喷洒透层油后铺筑下封层。

(2)下封层宜采用层铺法表面处治或稀浆封层法施工。稀浆封层可采用乳化沥青或改性乳化沥青作结合料。下封层的厚度不宜小于6mm,且做到完全密水。

(3)以层铺法沥青表面处治铺筑下封层时,通常采用单层式;矿料用量宜为 5 ~ $8m^3$/1 $000m^2$,沥青用量可采用要求范围的中高限。

图5-1是智能型沥青洒布车与集料撒布车配合进行下封层施工。智能型沥青洒布车的沥青喷洒宽度和喷洒量,可以自由调整。图5-2是石屑撒布车正在作业。石屑的撒布量,可以通过调整料门的大小进行控制。

图5-1 智能型沥青洒布车与集料撒布车配合进行下封层施工

图5-2 石屑撒布车正在撒布石屑

三、黏　　层

(1)符合下列情况之一时,必须喷洒黏层油:

①双层式或三层式热拌热铺沥青混合料路面的沥青层之间。

②水泥混凝土路面、沥青稳定碎石基层或旧沥青路面层上加铺沥青层。

③路缘石、雨水口、检查井等构造物与新铺沥青混合料接触的侧面。

(2)黏层油宜采用快裂或中裂乳化沥青、改性乳化沥青,也可采用快、中凝液体石油沥青,其规格和质量应符合本规范的要求;所使用的基质沥青标号,宜与主层沥青混合料相同。

(3)黏层油品种和用量,应根据下卧层的类型通过试洒确定,并符合表5-1的要求。当黏层油上铺筑薄层大空隙排水路面时,黏层油的用量宜增加到0.6 ~ 1.0L/m^2。在沥青层之间兼做封层而喷洒的黏层油,宜采用改性沥青或改性乳化沥青。其用量宜不少于1.0L/m^2。

沥青路面黏层材料的规格和用量表 表5-1

下卧层类型	液体沥青		乳化沥青	
	规　格	用量(L/m^2)	规　格	用量(L/m^2)
新建沥青层或旧沥青路面	AL(R) -3 ~ AL(R) -6 AL(M) -3 ~ AL(M) -6	0.3 ~ 0.5	PC -3 PA -3	0.3 ~ 0.6
水泥混凝土	AL(M) -3 ~ AL(M) -6 AL(S) -3 ~ AL(S) -6	0.2 ~ 0.4	PC -3 PA -3	0.3 ~ 0.5

注:表中用量是指包括稀释剂和水分等在内的液体沥青、乳化沥青的总量。乳化沥青中的残留物含量以50%为基准。

(4)黏层油宜采用沥青洒布车喷洒,并选择适宜的喷嘴。洒布速度和喷洒量要保持稳定。当采用机动或手摇的手工沥青洒布机喷洒时,必须由熟练的技术工人操作,均匀洒布。气温低于10℃时不得喷洒黏层油，寒冷季节施工不得不喷洒时可以分成两次喷洒。路面潮湿时不得喷洒黏层油，用水洗刷后需待表面干燥后喷洒。

(5)喷洒的黏层油必须成均匀雾状，在路面全宽度内均匀分布成一薄层，不得有洒花漏空或成条状，也不得有堆积。喷洒不足的要补洒，喷洒过量处应予刮除。喷洒黏层油后，严禁运料车外的其他车辆和行人通过。

(6)黏层油宜在当天洒布，待乳化沥青破乳、水分蒸发完成，或稀释沥青中的稀释剂基本挥发完成后，紧跟着铺筑沥青层，确保黏层不受污染。

图5-3为智能型沥青洒布车在进行黏层施工。其喷洒的宽度和量可以自由控制。

图5-3 智能型乳化沥青喷洒车黏层施工

第二节 沥青混凝土路面施工

一、施工前准备

(一)材料

要注意粗(细)集料和填料的质量，应从源头抓起，对不合格的矿料，不准运进拌和厂。堆放各种矿料的地坪必须硬化，并具有良好的排水系统，避免材料被污染；各品种材料间应用墙体隔开，以免相互混杂。细集料及矿粉宜覆盖，细料潮湿将影响喂料数量和拌和机产量。图5-4为沥青路面集料源头考察照片，对用于粗集料的毛石检查，要求没有风化及严重解理，石质要好。图5-5为集料原材料轧石厂生产照片。进料之前要到厂家进行考察，看生产集料的生产工艺及技术、生产出来的集料外观质量，堆放及出场管理等，是否满足规范及工程的要求。

图5-4 沥青路面集料源头毛石考察

图5-5 沥青路面集料轧石厂生产

1. 沥青

沥青是由一些极其复杂的碳氢化合物及其非金属(氧、硫、氮)的衍生物所组成的黑色或黑褐色晶固体、半固体或液体的混合物。沥青可溶于二硫化碳、四氯化碳、三氯甲烷和苯等有机溶剂。

沥青属于有机胶凝材料，与矿质混合料有非常好的黏结能力，是道路工程重要的筑路材料；沥青属于憎水性材料，结构致密，几乎不溶于水和不吸水，因此，广泛用于土木工程的防水、防潮和防渗工程。

沥青按其在自然界中获得的方式，可分为地沥青和焦油沥青两大类。

(1)地沥青(asphalt)

地沥青是天然存在的或石油加工得到的沥青材料。按其产源又可分为天然沥青和石油沥青。

天然沥青是石油在自然条件下，长时间经受地球物理因素作用而形成的产物。我国新疆克拉玛依等地产有天然沥青。

石油沥青(petroleum asphalt)，是指石油原油经蒸馏等工艺提炼出各种轻质油及润滑油以后的残留物，或将残留物进一步加工得到的产物。

(2)焦油沥青(tar)

焦油沥青是利用各种有机物(煤、页岩、木材等)干馏加工得到的焦油，经再加工而得到的产品。焦油沥青按其干馏原料的不同可分为煤沥青、页岩沥青、木沥青和泥炭沥青，如由煤干馏所得的煤焦油，经再加工后得到的沥青，即称为煤沥青(coal tar)。

在道路建筑中最常用的主要是石油沥青和煤沥青两类，其次是天然沥青。沥青采用70号优质道路石油沥青，或采用SBS改性沥青，具体指标详见《公路沥青路面施工技术规范》(JTG F40—2004)要求。

根据气候分区，江苏省属于1-3区，查规范可知若使用70号A级道路石油沥青，主要指标为：25℃针入度60～80(0.01mm)；软化点不小于46℃；15℃延度不小于40cm。若采用SBS改性沥青，主要指标为：25℃针入度60～80(0.01mm)；软化点不小于55℃；5℃延度不小于30cm。其他地区沥青的选择与此方法相同。

2. 粗集料

对于沥青路面，所谓粗集料，即粒径>4.75mm的碎石料。中下面层多采用石灰岩集料(单价低，与沥青结合性能好)；上面层采用玄武岩集料(耐磨，表面抗滑效果好)。具体指标详见《公路沥青路面施工技术规范》(JTG F40—2004)要求。主要指标如表5-2所示。

沥青混合料使用粗集料的主要质量技术要求 表5-2

指标		单位	高速公路及一级公路		其他等级公路	试验方法
			表面层	其他层次		
石料压碎值	不大于	%	26	28	30	T 0316
表观相对密度	不小于	t/m³	2.60	2.50	2.45	T 0304
吸水率	不大于	%	2.0	3.0	3.0	T 0304
针片状颗粒含量(混合料)	不大于	%	15	18	20	T 0312
其中粒径>9.5mm	不大于	%	12	15	—	
其中粒径<9.5mm	不大于	%	18	20	—	
水洗法<0.075mm颗粒含量	不大于	%	1	1	1	T 0310
粗集料与沥青的黏附性	不小于					T 0616 T 0663
高速公路、一级公路表面层		5	4	4	3	
高速公路、一级公路的其他层次及其他等级公路的各个层次		4	4	3	3	

3. 细集料

采用坚硬、洁净、干燥、无风化并有适当级配得人工轧制得米砂，石质为石灰岩，不能采用山场的下脚料。其主要指标如表5-3和表5-4所示。

沥青混合料使用细集料的主要质量要求 表5-3

项　　目		单　　位	高速公路、一级公路	其他等级公路	试验方法
表观相对密度	不小于	t/m^3	2.50	2.45	T 0328
含泥量(<0.075mm的含量)	不大于	%	3	5	T 0333
砂当量	不小于	%	60	50	T 0334

沥青混合料使用机制砂或石屑的规格 表5-4

规　　格	公称粒径(mm)	水洗法通过各筛孔的质量百分率(%)							
		9.5	4.75	2.36	1.18	0.6	0.3	0.15	0.075
S15	0~5	100	90~100	60~90	40~75	20~55	7~40	2~20	0~10
S16	0~3		100	80~100	50~80	25~60	8~45	0~25	0~15

4. 填料

矿粉必须采用石灰岩,原石料中的泥土杂质应除净。矿粉应干燥、洁净,能自由地从矿粉仓流出。其主要技术指标,如表5-5所示。

沥青混合料使用矿粉的质量要求 表5-5

项　　目		单　位	高速公路、一级公路	其他等级公路	试验方法
表观相对密度	不小于	t/m^3	2.50	2.45	T 0352
含水率	不大于	%	1	1	T 0103 烘干法
粒度范围:<0.6mm <0.15mm <0.075mm		% % %	100 90~100 75~100	100 90~100 70~100	T 0351
外观			无团粒结块		
亲水系数			<1		T 0353
塑性指数			<4		T 0354
加热安定性			实测记录		T 0355

(二)施工机械

必须配备齐全施工机械和配件,做好开工前的保养、调试和试机,并保证在施工期间一般不发生有碍施工进度和质量的故障。沥青面层应采用单幅全宽机械化连续摊铺作业;对于单幅双车道面层,应实施两台摊铺机梯队作业,以确保铺面的质量。因而必须配备以下主要施工机械(一个施工点)。

(1)间歇式沥青混合料拌和机,产量大于320t/h,另配有80t以上热储料仓。全部生产过程由计算机自动控制,配有良好的打印装置。如图5-6所示,为进口间歇式沥青混合料拌和楼。

图5-6　间歇式沥青混合料拌和楼总体图

(2)进口沥青混合料摊铺机三台(其中一台备用)。如图5-7所示,为进口ABG沥青混合料摊铺机。

(3)压路机:25t 轮胎压路机 2 台,18 ~ 20t 轮胎压路机 2 台,10t 双钢轮压路机 4 台。如图 5-8 所示,轮胎式压路机和双钢轮振动压路机配合进行面层施工。

图 5-7　进口沥青混合料摊铺机正在作业

图 5-8　胶轮压路机和双钢轮振动压路机正在碾压

(4)载质量 15t 以上的自卸汽车不少于 20 辆。如图 5-9 所示,沥青混合料摊铺时,需要足够的大吨位运输车辆。

(5)非接触式平横梁两套(用于中、上面层的等厚摊铺)。如图 5-10 所示,在进行中、上面层摊铺时往往采用等厚摊铺。为保证厚度及路面平整度,现在采用声纳非接触式平衡梁。

图 5-9　大吨位运输车辆运输沥青混合料等待摊铺

图 5-10　摊铺中、上面层采用非接触式平衡梁作业

(三)技术标准

按沥青面层所选定的沥青混凝土类型,均为热拌密级配沥青混凝土混合料。根据《公路沥青路面施工技术规范》(JTG F40—2004)的规定,高速公路和一级公路,面层沥青混凝土应符合表 5-6 和表 5-7 规定的马歇尔试验技术标准。

中、下面层沥青混凝土主要技术指标　　表 5-6

试验项目		沥青混凝土类型	技术指标
击实次数(次)		普通沥青混凝土	75
稳定度(kN)	不小于		8.0
流值(0.1mm)			15 ~ 40
空隙率(%)			3 ~ 6
沥青饱和度(%)			55 ~ 70(AC - 25),65 ~ 75(AC - 13 ~ 20)
残留稳定度(%)	不小于		80

续上表

试验项目		沥青混凝土类型	技术指标
击实次数(次)		SBS 改性沥青混凝土	75
稳定度(kN)	不小于		8.0
流值(0.1mm)			15~50
空隙率(%)			3~6
沥青饱和度(%)			55~70(AC-25),65~75(AC-13~20)
残留稳定度(%)	不小于		85

上面层沥青混凝土主要技术指标 表 5-7

试验项目		沥青混凝土类型	技术指标
击实次数(次)		普通沥青混凝土	75
稳定度(kN)	不小于		8.0
流值(0.1mm)			15~40
空隙率(%)			4~6
沥青饱和度(%)			65~75
残留稳定度(%)	不小于		80
击实次数(次)		SBS 改性沥青混凝土	75
稳定度(kN)	不小于		8.0
流值(0.1mm)			15~50
空隙率(%)			4~6
沥青饱和度(%)			65~75
残留稳定度(%)	不小于		85

(四)配合比设计

在介绍配合比设计之前,首先介绍以下概念。

普通沥青混合料一般由两部分组成,即沥青与矿质混合料(简称矿料)。这两部分的比例关系,可引申出两个概念(油石比和沥青含量)。

油石比:沥青混合料中沥青质量与干矿料质量之比(单位:%),它反映了沥青混合料中沥青的相对质量。

沥青含量:沥青混合料中沥青质量与混合料总质量之比(单位:%),它同样也反映混合料中沥青的多少。与油石比相比,只是分母不同。

沥青混合料的矿料是由几种颗粒大小不同的集料,按照不同的比例组成的具有一定级配的集料混合物。

1. 目标配合比设计阶段

目标配合比设计阶段有以下三个任务:

(1)确定各矿料的组成比例,使矿料合成级配达到工程要求;

(2)根据不同油石比混合料马歇尔试验确定最佳油石比;

(3)确定最佳油石比后的残留稳定度检验。

目标配合比设计流程,如图 5-11 所示。

配合比设计的试验方法,必须遵照现行试验规程的方法执行。混合料拌和,必须采用小型沥青混合料拌和机进行。混合料的拌和温度和试件制作温度,应符合本规范的要求。

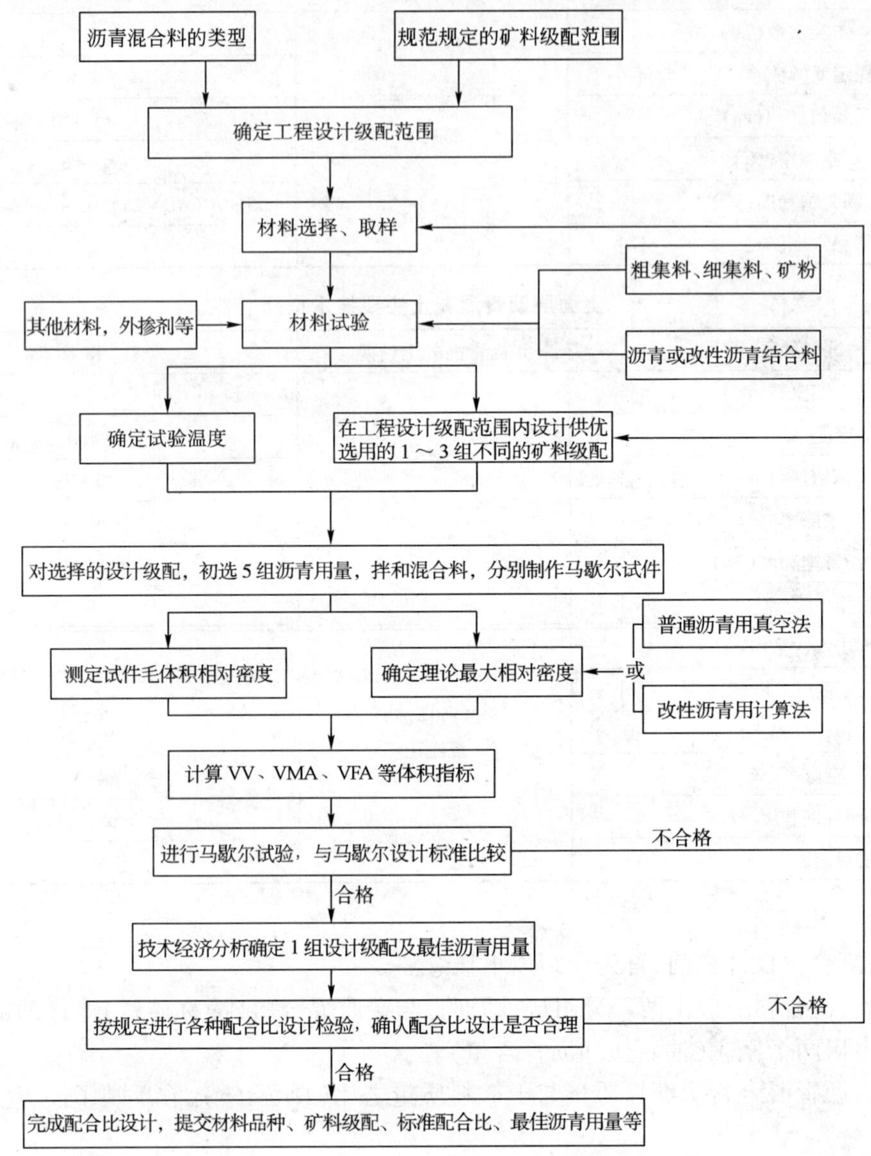

图5-11　密级配沥青混合料目标配合比设计流程

2．生产配合比设计阶段

生产配合比设计阶段,主要有以下三个任务:

(1)根据目标配合比的冷料比例,调整拌和楼的冷料进料速度,确定经过拌和楼加热二次筛分后各热料仓比例,使各热料仓材料合成级配满足施工规范要求,并且与目标合成级配尽量接近。

(2)通过不同油石比的马歇尔试验重新确定最佳油石比,并且与目标配合比的油石比不应有大的差别。

(3)确定最佳油石比后,同样要进行残留稳定度的检验。

生产配合比设计阶段流程,如图5-12所示。

确定各热料仓矿料和矿粉的用量,必须从二次筛分后进入各热料仓的矿料取样进行筛分。

根据筛分结果，通过计算，使矿质混合料的级配接近目标配合比并符合表5-5的规定，以确定各热料仓矿料和矿粉的用料比例，供拌和机控制室使用。同时反复调整冷料仓进料比例，以达到供料均衡。

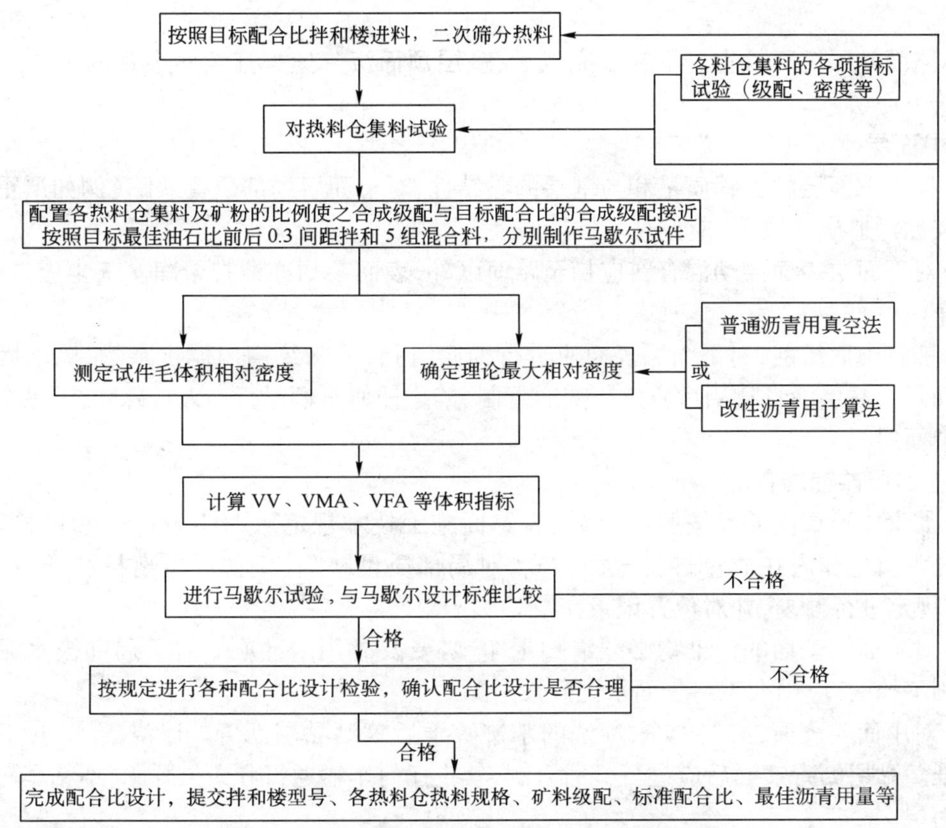

图5-12　密级配沥青混合料生产配合比设计流程

确定最佳油石比。取目标配合比设计的最佳油石比和最佳油石比±0.3%、OAC±0.6%五个油石比，取以上计算的矿质混合料，用试验室的小型拌和机拌制沥青混合料进行马歇尔试验，按目标配合比设计方法绘图分析，得出生产配合比的最佳油石比。按以上方法确定的生产配合比最佳油石比可能与目标配合比的最佳油石比不一致，如相差不超过0.2%，就应按生产配合比确定的最佳油石比进行试件拌和试铺，或分析确定试拌试铺用油石比；如相差超过0.2%，就应找出原因，进一步试验分析后确定试拌试铺用油石比。

残留稳定度检验。按以上生产配合比，用室内小型拌和机拌制沥青混合料，做浸水48h马歇尔试验进行残留稳定度检验。检验残留稳定度，必须满足表5-6和表5-7的规定。

3. 生产配合比验证阶段

用生产配合比进行试拌，沥青混合料的技术指标合格后铺筑试铺段。取试铺用的沥青混合料进行马歇尔试验检验和沥青含量、筛分试验。检验标准配合比矿料合成级配中，至少应包括0.075mm、2.36mm、4.75mm及公称最大粒径筛孔的通过率接近目标配合比级配值，并避免在0.3~0.6mm处出现驼峰。由此确定正常生产用的标准配合比。

(五)下承层工作面准备

1. 下面层摊铺准备

(1)检查下封层的完整性与基层表面的黏结性。对局部基层外露和下封层两侧宽度不足部分,应按下封层施工要求进行补铺;对已成型的下封层,用硬物刺破后应与基层表面相黏结,以不能整层被撕开为合格。

(2)对下封层表面浮动矿料应扫至路面以外,表面杂物亦清扫干净。灰尘应提前冲洗,风吹干净。

(3)路面基层沉降检查。下封层完成后,基层顶面沉降速率连续两个月内小于3mm/月,才可铺筑下面层。

2. 中面层摊铺准备

(1)检查下面层的工程质量和与基层的黏结性,对下面层局部质量缺陷(例如严重离析和开裂以及油污造成松散等)应按规定进行修复。

(2)对下面层表面浮动混合料应扫至路面以外,表面杂物亦清扫干净。灰尘应提前冲洗,风吹干净。

(3)铺筑中面层前,对下面层表面应进行彻底清扫,清除纹槽内泥土杂物,风干后均匀喷洒黏层沥青。黏层沥青喷洒后应进行交通管制,禁止任何车辆通行和人员踩踏,不粘车轮时才可摊铺中面层。

3. 上面层摊铺准备

(1)沥青中面层的质量按照《公路沥青路面施工技术规范》(JTG F40—2004)检验,对中面层的外观质量和内在质量进行全面检查,对局部质量缺陷(例如严重离析和开裂、油污染等)应按规定进行修复,并对位置记录在案。

(2)对中面层表面的污染物必须清扫干净,必要及时用水冲刷。对于局部被水泥等杂物污染冲刷不掉的,应用人工将表面水泥砂浆凿除。

(3)对中面层表面,清扫干净、冲洗的水迹晾干后喷洒黏层沥青。以浇洒均匀,不流淌不粘轮为准。黏层沥青喷洒后应进行交通管制,禁止任何车辆通行和人员踩踏,不粘车轮时才可摊铺上面层。

二、沥青混凝土路面试铺路段施工

沥青各面层施工开工前,均需先做试铺路面。施工单位通过合格的沥青混合料组成设计,拟定试铺路面铺筑方案,采用重新调试的正式施工机械,铺筑试铺路面。试铺路面宜选在正线直线段,长度不少于300m。

试铺路面施工分为试拌和试铺两个阶段,需要决定的内容包括以下诸方面:

(1)根据各种机械的施工能力相匹配的原则,确定适宜的施工机械,按生产能力决定机械数量与组合方式。

(2)通过试拌决定:

①拌和机的操作方式——如上料速度、拌和数量与拌和时间、拌和温度等。

②验证沥青混合料的配合比设计和沥青混合料的技术性质,决定正式生产用的矿料配合比和油石比。

(3)通过试铺决定:

①摊铺机的操作方式——摊铺温度、摊铺速度、初步振捣夯实的方法和强度、自动找平方式等。

②压实机具的选择、组合,压实顺序,碾压温度,碾压速度及遍数。

③施工缝处理方法。

④沥青面层的松铺系数。

(4)确定施工产量及作业段的长度,修订施工组织计划。

(5)全面检查材料及施工质量是否符合要求。

(6)确定施工组织及管理体系、质保体系、人员、机械设备、检测设备、通信及指挥方式。

试铺路面的铺筑,严格按部颁标准《公路沥青路面施工技术规范》(JTG F40—2004)规定操作。试铺路面的质量检查频率应根据需要比正常施工时适当增加(一般增加一倍)。试铺结束后,试铺路面应基本上无离析和石料压碎现象,经检测各项技术指标均符合规定。施工单位根据检测情况应立即提出试铺总结报告,由驻地监理工程师审查,总监代表和总监助理确认。试铺总结报告最后经总监批准后,即可作为申报正式开工的依据。

三、沥青混凝土路面施工

1. 施工放样

(1)在沥青路面下承层上恢复中线。直线段每10~20m设一桩,平曲线段每10~15m设一桩,并在两侧路肩边缘外设指示桩。

(2)进行水平测量,在两侧指示桩上用明显标记标出该层沥青路面边缘线及设计高程。

2. 沥青混合料的拌制

(1)严格掌握沥青和集料的加热温度以及沥青混合料的出厂温度。集料温度应比沥青温度高10~15℃;热混合料成品在储料仓储存后,其温度下降不应超过10℃。沥青混合料的施工温度控制范围,如表5-8和表5-9所示。

普通沥青混合料施工温度(℃) 表5-8

沥青加热温度		160~170
混合料出厂温度		正常范围150~165,超过190者废弃
混合料运输到现场温度		不低于145
摊铺温度	正常施工	不低于135
	低温施工	不低于150
开始碾压混合料内部温度	正常施工	不低于130
	低温施工	不低于145
碾压终了表面温度	钢轮压路机	不低于70

改性沥青混合料施工温度(℃) 表5-9

沥青加热温度	165~175
混合料出厂温度	正常范围170~185,超过190者废弃
混合料运输到现场温度	不低于165
摊铺温度	不低于160
初压开始温度	不低于150
初压最低温度	不低于130
碾压终了表面温度	不低于90

(2)拌和楼控制室要逐盘打印沥青及各种矿料的用量和拌和温度,并定期对拌和楼的计量和测温进行校核;没有材料用量和温度自动记录装置的拌和机不得使用。

(3)拌和时间由试拌确定。必须使所有集料颗粒全部裹覆沥青结合料,并以沥青混合料拌和均匀为度。

(4)要注意目测检查混合料的均匀性，及时分析异常现象。如混合料有无花白、冒青烟和离析等现象。如确认是质量问题，应作废料处理并及时予以纠正。在生产开始以前，有关人员要熟悉本项目所用各种混合料的外观特征，这要通过细致地观察室内试拌的混合料而取得。

(5)每台拌和机每天上午、下午各取一组混合料试样做马歇尔试验和抽提筛分试验，检验油石比、矿料级配和沥青混凝土的物理力学性质。

油石比与设计值的允许误差为 ±3%。

矿料级配与生产设计标准级配的允许差值：0.075mm，为 ±2%；≤2.36mm，为 ±5%；≥4.75mm，为 ±6%。

(6)每天结束后，用拌和楼打印的各料数量，进行总量控制。以各仓用量及各仓筛分结果，在线抽查矿料级配；计算平均施工级配和油石比，与设计结果进行校核；以每天产量计算平均厚度，与路面设计厚度进行校核。

3. 沥青混合料的运输

(1)采用数字显示插入式热电偶温度计检测沥青混合料的出厂温度和运到现场温度。插入深度要大于150mm。在运料卡车侧面中部设专用检测孔，孔口距车箱底面约300mm。

(2)拌和机向运料车放料时，汽车应前后移动，分几堆装料，以减少粗集料的分离现象。装料顺序与第三章中基层混合料相同。

(3)沥青混合料运输车的运量应较拌和能力和摊铺速度有所富余，摊铺机前方应有五辆运料车等候卸料。

(4)运料车应有良好的篷布覆盖设施，卸料过程中继续覆盖直到卸料结束取走篷布，以资保温或避免污染环境。

(5)连续摊铺过程中，运料车在摊铺机前 10～30cm 处停住，不得撞击摊铺机。卸料过程中运料车应挂空挡，靠摊铺机推动前进。

4. 沥青混合料的摊铺

(1)连续稳定地摊铺，是提高路面平整度最主要的措施。摊铺机的摊铺速度应根据拌和机的产量、施工机械配套情况及摊铺厚度、摊铺宽度，按 2～4m/min 予以调整选择，做到缓慢、均匀、不间断地摊铺。不应任意以快速摊铺几分钟，然后再停下来等下一车料。午餐时应分批轮换交替进行，切忌停铺用餐。争取做到每天收工停机一次。

(2)用机械摊铺的混合料未压实前，施工人员不得进入踩踏。一般不用人工不断地整修，只有在特殊情况下，如局部离析，需在现场主管人员指导下，允许用人工找补或更换混合料；缺陷较严重时应予铲除，并调整摊铺机或改进摊铺工艺。

(3)下面层摊铺厚度，采用钢丝引导的高程控制方式。钢丝为扭绕式，直径不小于6mm，钢丝拉力大于800N，每5m设一钢丝支架。采用两台摊铺机实施摊铺施工，靠中央分隔带侧摊铺机在前，左侧架设钢丝，摊铺机上安装横坡仪控制摊铺层横坡；后面摊铺机右侧架设钢丝，左侧在摊铺好的层面上走“雪撬”。两台摊铺机摊铺层的纵向接缝，应采用斜接缝，避免出现缝痕。两台摊铺机距离不应超过30m。中、上面层沥青混合料摊铺宜采用非接触式平衡梁控制厚度，采用两台摊铺机实施摊铺施工，靠中央分隔带侧摊铺机在前。

(4)摊铺机应调整到最佳工作状态，调好螺旋布料器两端的自动料位器，并使料门开度、链板送料器的速度和螺旋布料器的转速相匹配。螺旋布料器内混合料表面以略高于螺旋布料器

2/3 为度,使熨平板的挡板前混合料的高度在全宽范围内保持一致,避免摊铺层出现离析现象。

(5)检测松铺厚度是否符合规定,以便随时进行调整。摊前熨平板应预热至规定温度。摊铺机熨平板必须拼接紧密,不许存有缝隙,防止卡入粒料将铺面拉出条痕。

(6)积极采取相应措施,尽量做到摊铺机不拢料,以减小面层离析。

(7)摊铺遇雨时,立即停止施工,并清除未压成型的混合料。遭受雨淋的混合料应废弃,不得卸入摊铺机摊铺。

5. 沥青混合料的压实成型

(1)沥青混合料的压实是保证沥青面层质量的重要环节,应选择合理的压路机组合方式及碾压步骤。为保证压实度和平整度,初压应在混合料不产生推移、开裂等情况下尽量在摊铺后较高温度下进行。初压严禁使用轮胎压路机,以确保面层横向平整度。在石料易于压碎的情况下,原则上钢轮压路机不开振,以轮胎压路机碾压为主。

(2)压路机应以缓慢而均匀的速度碾压。压路机的适宜碾压速度,随初压、复压、终压及压路机的类型而有别,具体按表 5-10 选用。

压路机碾压速度(km/h) 表 5-10

压路机类型	初压		复压		终压	
	适宜	最大	适宜	最大	适宜	最大
钢轮式压路机	1.5~2	3	2.5~3.5	5	2.5~3.5	5
轮胎压路机	—	—	3.5~4.5	8	4~6	8
振动压路机	1.5~2(静压)	5(静压)	4~5(振动)	4~5(振动)	2~3(静压)	5(静压)

(3)为避免碾压时混合料推挤产生拥包,碾压时应将驱动轮朝向摊铺机;碾压路线及方向不应突然改变;压路机起动、停止必须减速缓行,不准紧急制动。压路机折回不应处在同一横断面上。

(4)在当天碾压的尚未冷却的沥青混凝土层面上,不得停放压路机或其他车辆,并防止矿料、油料和杂物散落在沥青层面上。

(5)要对初压、复压、终压段落设置明显标志,便于驾驶员辨认。对松铺厚度、碾压顺序、压路机组合、碾压遍数、碾压速度及碾压温度应设专岗管理和检查,使面层做到既不漏压也不超压。

(6)应向压路机轮上喷洒或涂刷含有隔离剂的水溶液,喷洒应呈雾状,数量以不粘轮为度。

(7)压实完成 12h 后,方能允许施工车辆通行。

6. 施工接缝的处理

(1)纵向施工缝。采用两台摊铺机成梯队联合摊铺方式的纵向接缝,应采用斜接缝。在前部已摊铺混合料部分留下 10~20cm 宽暂不碾压作为后高程基准面,并有 5~10cm 左右的摊铺层重叠,以热接缝形式在最后作跨接缝碾压以消缝迹。如果两台摊铺机相隔距离较短,也可做一次碾压。上下层纵缝应错开 1.5cm 以上。

(2)横向施工缝。全部采用平接缝。用 3m 直尺沿纵向位置,在摊铺段端部的直尺呈悬臂状,以摊铺层与直尺脱离接触处定出接缝位置,用锯缝机割齐后铲除;继续摊铺时,应将摊铺层锯切时留下的灰浆擦洗干净,涂上少量黏层沥青,摊铺机熨平板从接缝处起步摊铺;碾压时用钢筒式压路机进行横向压实,从先铺路面上跨缝逐渐移向新铺面层。几种不同的横向接缝类型,如图 5-13 所示。

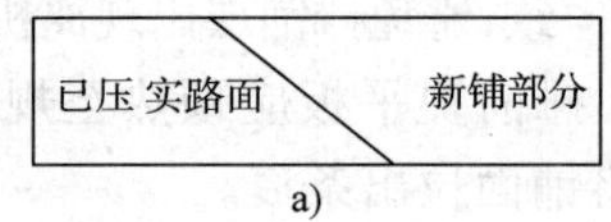

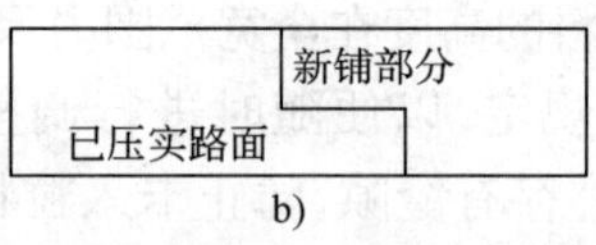

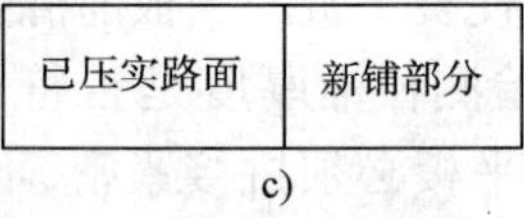

图 5-13 横向接缝的几种形式

a)斜接缝;b)阶梯形接缝;c)平接缝

7. 开放交通及其他

热拌沥青混合料路面应待摊铺层完全自然冷却,混合料表面温度低于 50℃后,方可开放交通。需要提早开放交通时,可洒水冷却降低混合料温度。

沥青路面雨季施工,应符合下列要求:

(1)注意气象预报,加强工地现场、沥青拌和厂及气象台(站)之间的联系,控制施工长度,各项工序紧密衔接。

(2)运料车和工地应备有防雨设施,并做好基层及路肩排水。

(3)铺筑好的沥青层应严格控制交通,做好保护,保持整洁,不得造成污染,严禁在沥青层上堆放施工产生的土或杂物,严禁在已铺沥青层上制作水泥砂浆。

四、路肩、路缘石施工

1. 路肩及其作用

路肩是位于行车道外缘至路基边缘、具有一定宽度的带状结构部分,包括硬路肩和土路肩。它为保持车行道的功能和临时停车使用,并作为路面的横向支承。路肩的主要作用如下:

①保护行车道等主要结构的稳定;

②为发生机械故障或遇到紧急情况的车辆需要临时停车提供位置;

③提供侧向余宽,有利于安全,增加舒适感;

④可供行人、自行车通行;

⑤为设置路上设施提供位置;

⑥作为养护操作的工作场地;

⑦在不损坏公路构造的前提下,也可作为埋设地下设施的位置;

⑧改善挖方路段的弯道视距,确保交通安全;

⑨使雨水能够在远离行车道的位置排放,减少行车道雨水渗透,减少路面损坏。

2. 路缘石及其结构尺寸

路缘石是公路两侧路面与路肩之间的条形构造物。其结构尺寸通常是 99cm × 15cm × 15cm。一般高出路面 10cm。

五、沥青混凝土路面施工过程中的质量管理

渗水系数应作为常规试验进行检测,应使用改进型渗水仪(着地环状宽度 35mm、装有渗水仪开关);应按取芯压实度检验频率随机选点,合格率宜不小于 80%。当合格率小于 80% 时应加倍频率检测,如渗水系数检测结果仍然小于 80% 合格率时,则需对该段路面进行处理。

面层混合料的离析,包括沥青混合料的温度离析和沥青混合料的级配离析。建议离析可以时,作如下控制:

①施工过程中采用红外温度探测器检测的温度差,不应超过 20℃。

②核子密度仪检测的密度,不应超过 0.075g/cm^3(大体上相当于空隙率相差 3%)。

③构造深度的大值与平均值之比，不应超过1.5。

1. 热拌沥青混合料的质量检测频度和要求

热拌沥青混合料的质量检测频度和质量要求，如表5-11所示。

热拌沥青混合料的质量检测频度和质量要求 表5-11

项目		检查频度及单点检验评价方法	质量要求或允许偏差		试验方法
			高速公路、一级公路	其他等级公路	
混合料外观		随时	观察集料粗细、均匀性、离析、油石比、色泽、冒烟、有无花白料、油团等各种现象		目测
拌和温度	沥青、集料的加热温度	逐盘检测评定	符合规范规定		传感器自动检测、显示并打印
	混合料出厂温度	逐车检测评定	符合规范规定		传感器自动检测、显示并打印，出厂时逐车按T 0981人工检测
		逐盘测量记录，每天取平均值评定	符合本规范规定		传感器自动检测、显示并打印
矿料级配（筛孔）	0.075mm	逐盘在线检测	±2%（2%）	—	计算机采集数据计算
	≤2.36mm		±5%（4%）	—	
	≥4.75mm		±6%（5%）		
	0.075mm	逐盘检查，每天汇总1次取平均值评定	±1%	—	附录G总量检验
	≤2.36mm		±2%	—	
	≥4.75mm		±2%	—	
	0.075mm	每台拌和机每天1~2次，以2个试样的平均值评定	±2%（2%）	±2%	T 0725抽提筛分与标准级配比较的差
	≤2.36mm		±5%（3%）	±6%	
	≥4.75mm		±6%（4%）	±7%	
沥青用量（油石比）		逐盘在线监测	±0.3%	—	计算机采集数据计算
		逐盘检查，每天汇总1次取平均值评定	±0.1%	—	附录F总量检验
		每台拌和机每天1~2次，以2个试样的平均值评定	±0.3%	±0.4%	抽提T 0722、T 0721
马歇尔试验：空隙率、稳定度、流值		每台拌和机每天1~2次，以4~6个试件的平均值评定	符合规范规定		T 0702、T 0709、本规范附录B、附录C
浸水马歇尔试验		必要时（试件数同马歇尔试验）	符合规范规定		T 0702、T 0709
车辙试验		必要时（以3个试件的平均值评定）	符合规范规定		T 0719

注：①单点检验是指试验结果以一组试验结果的报告值为一个测点的评价依据。一组试验（如马歇尔试验、车辙试验）有多个试样时，报告值的取用按《公路工程沥青与沥青混合料试验规程》（JTJ 052—2000）的规定执行。

②对高速公路和一级公路，矿料级配和油石比必须进行总量检验和抽提筛分的双重检验控制，互相校核，表中括号内的数字是对SMA的要求。油石比抽提试验应事先进行试验标定，提高测试数据的准确度。

2. 公路热拌沥青混合料路面施工过程中工程质量的控制标准

沥青路面铺筑过程中必须随时对铺筑质量进行评定，质量检查的内容、频度和允许差，应符合表5-12要求。

公路热拌沥青混合料路面施工过程中工程质量的控制标准 表5-12

项目		检查频度及单点检验评价方法	质量要求或允许偏差		试验方法
			高速公路、一级公路	其他等级公路	
外观		随时	表面平整密实，不得有明显轮迹、裂缝、推挤、油汀、油包等缺陷，且无明显离析		目测
接缝		随时	紧密平整、顺直、无跳车		目测
		逐条缝检测评定	3mm	5mm	T 0931
施工温度	摊铺温度	逐车检测评定	符合规范规定		T 0981
	碾压温度	随时	符合规范规定		插入式温度计实测
厚度①	每一层次	随时，厚度50mm以下	设计值5%	设计值8%	施工时插入法量测松铺厚度及压实厚度
		厚度50mm以上	设计值8%	设计值10%	
	每一层次	1个台班区段的平均值			总量检验
		厚度50mm以下	-3mm	—	
		厚度50mm以上	-5mm		
	总厚度	每2 000m² 一点单点评定	设计值-5%	设计值-8%	T 0912
	上面层	每2 000m² 一点单点评定	设计值-10%	设计值-10%	
压实度②		每2 000m² 检查1组，逐个试件评定并计算平均值	实验室标准密度的97%(98%)、最大理论密度的93%(94%)、试验段密度的99%(99%)		T 0924、T 0922
平整度（最大间隙）④	上面层	随时，接缝处单杆评定	3mm	5mm	T 0931
	中、下面层	随时，接缝处单杆评定	5mm	7mm	T 0931
平整度（标准差）	上面层	连续测定	1.2mm	2.5mm	T 0932
	中面层		1.5mm	2.8mm	
	下面层		1.8mm	3.0mm	
	基层		2.4mm	3.5mm	
宽度	有侧石	检测每个断面	±20mm	±20mm	T 0911
	无侧石		不小于设计宽度	不小于设计宽度	
纵断面高程		检测每个断面	±10mm	±15mm	T 0911
横坡度		检测每个断面	±0.3%	±0.5%	T 0911
沥青层层面上的渗水系数③		每1km不少于5点，每点3处取平均值	300mL/min（普通密级配沥青混合料），200mL/min（SMA混合料）		T 0971

注：①表中厚度检测频度，指高速公路和一级公路的钻坑频度，其他等级公路可酌情减少状况，且通常采用压实度钻孔试件测定。上面层的允许误差不适用于磨耗层。

②压实度检测按《公路沥青路面施工技术规范》(JTG F40—2004)附录E的规定执行；钻孔试件的数量按表5-12的规定执行。括号中的数值是对SMA路面的要求，对马歇尔成型试件采用50次或者35次击实的混合料，压实度应适当提高要求。进行核子仪等无破损检测时，每13个测点的平均数作为一个测点进行评定是否符合要求。试验室密度是指与配合比设计相同方法成型的试件密度。以最大理论密度作标准密度时，对普通沥青混合料通过真空法实测确定；对改性沥青和SMA混合料，由每天的矿料级配和油石比计算得到。

③渗水系数适用于公称最大粒径等于或小于19mm的沥青混合料，应在铺筑成型后未遭行车污染的情况下测定，且仅适用于要求密水的密级配沥青混合料、SMA混合料。不适用于OGFC混合料，表中渗水系数以平均值评定，计算的合格率不宜小于90%。

④3m直尺主要用于接缝检测，对正常生产路段，采用连续式平整度仪测定。

思考题

1. 沥青路面施工中各个结构层的施工顺序是什么？每个结构层的施工工艺如何？
2. 各结构层施工中应该注意什么问题？
3. 各结构层施工对材料有什么要求？
4. 根据施工配合比，混合料掺配比例应如何计算？
5. 沥青路面施工中的温度应如何进行控制？

第六章　路面养护施工

学习目标

熟悉路面养护工程要求、分类及主要内容;掌握沥青路面、水泥混凝土路面养护技术。

本章重点

沥青路面及水泥混凝土路面施工养护技术。

本章难点

沥青路面及水泥混凝土路面病害类型、形成原因及处治方法。

第一节　路面养护要求

路面养护是公路养护工作的中心环节,是质量考核的首要对象。路面养护从工程技术角度而言,一般是指为保持路面功能而进行的日常保养,如路面的清扫、洒水、轻微的路面修补填补接缝等。

路面维修是指日常养护难以完成的、较大的损坏,从恢复路面原有功能为目标的修理工程,如路面的翻修和罩面等。

路面补强是指恢复或进一步改善原有功能的路面加层补强的大修或改建工程。

一、路面养护的要求

(1)及时、经常地对路面进行保养和修理,防止路面松散、裂缝和拥包等各种病害的产生和发展。

(2)通过对路面的保养和修理,保持和提高路面的平整度和抗滑能力,确保路面安全、舒适的行驶性能。

(3)通过对路面的修理和改善,保持和提高路面的强度,确保路面的耐久性。

(4)防止因路面损坏和养护操作而污染沿线环境。

二、路面养护工程的分类及其主要内容

1. 小修保养工程

(1)保养工程的主要内容包括:

①清除路面上的泥土、杂物,保持路面整洁;

②排除路面上的积水、积雪、积冰、积沙,并进行处理;

③碎、砾石路面扫匀面砂,添加面砂,洒水润湿,刮平波浪,修补磨耗层;
④处理黑色路面的泛油、拥包、裂缝、松散等病害;
⑤砂石路面刮平,修理车辙;
⑥混凝土路面修理板边接缝及堵塞裂缝等。
(2)小修的主要内容包括:
①局部处理砂土路的翻浆、变形,添加稳定料;
②碎、砾石路面的局部加宽、修补坑槽、整段修理磨耗层或扫浆铺砂;
③沥青(渣油)路面修补坑槽、沉陷,处理波浪、啃边等病害;
④混凝土路面面板的局部修理和调整平整度。
2. 路面中修工程
路面中修工程的主要内容包括:
①砂石路面大面积处理翻浆,修理横断面;
②碎、砾石路面局部加厚、加宽、调整路拱、加铺磨耗层、保护层、处理严重病害;
③沥青(渣油)路面整段封层罩面;
④沥青(渣油)路面严重病害的处理;
⑤水泥混凝土路面个别面板的更换、浇筑或加铺沥青磨耗层。
3. 路面大修工程
路面大修工程的主要内容包括:
①整线整段用稳定材料改善土路;
②整段加宽、加厚或翻修重铺碎、砾石路面;
③翻修或补强重铺,或加宽高级、次高级路面。
4. 路面改善工程
路面改善工程的主要内容包括:
①分段提高公路技术等级,铺筑高级、次高级路面;
②新铺碎、砾石路面等。

第二节 沥青路面养护

一、沥青路面的破坏

路面的破坏大体上可分为两类:一类是结构性破坏,它是路面结构的整体或其某一个或几个组成部分的破坏,严重时已不能承受车辆的荷载;另一类是功能性破坏,如由于路面的不平整,使其不再具有预期的功能。这两类破坏不一定同时发生,但都是逐渐积累起来的。对于功能性破坏,可以通过修整、养护来恢复路面的平整性,以满足行车使用要求。但对结构性破坏,一般均需进行彻底的翻修。

沥青路面所用的矿料质量和粒径规格不符合要求,往往由于强度不足和劈裂作用使矿料压碎导致路面破坏。夏季高温时,沥青材料黏滞度降低,在荷载作用下,可能使路面表面造成泛油。也可能沥青材料与矿料一起被挤动而引起面层车辙、推挤、波浪等变形破坏。在冬季低温下,沥青材料会由于收缩作用而产生脆裂破坏。在水分和温度作用下,沥青材料与矿料间的黏结力降低,沥青面层就会出现松散、剥落等破坏。

二、沥青路面的病害及处治

沥青路面各种病害的成因比较复杂，由于环境、地点、气候条件的不同，病害的情况不一。现将沥青路面的几种主要病害与防治方法介绍如下。

1. 泛油

泛油大多是由于混合料中沥青用量偏多、沥青稠度太低等原因引起，但有时也可能由于低温季节施工、表面嵌缝料散失过多，待气温变暖之后，在行车作用下矿料下挤、沥青上泛，表面形成油层而引起泛油。沥青表面处治和沥青贯入式路面最易产生此类病害。养护时，可以根据泛油的轻重程度，采取铺撒较粗粒径的矿料予以处治。

(1)轻微泛油的路段，可撒上 3 ~ 5mm 粒径的石屑或粗砂，并用压路机或控制行车碾压。

(2)泛油较严重的路段，可先撒 5 ~ 10mm 粒径的碎石，用压路机碾压。待稳定后，再撒 3 ~ 5mm 粒径的石屑或粗砂，并用压路机或控制行车碾压。

(3)面层含油量高，且已形成软层的严重泛油路段，可视情况采用下述方法之一进行处治：

①先撒一层 10 ~ 15mm 粒径(或更大的)碎石，用压路机将其强行压入路面；待基本稳定后，再分次撒上 5 ~ 10mm 粒径的碎石，并碾压成型。

②将含油量过高的软层铣刨清除后，重做面层。

(4)对泛油路段进行处治的施工要求：

处治时间应选择在泛油路段已出现全面泛油的高温季节。撒料应顺行车方向撒，先粗后细；做到少撒、薄撒、匀撒、无堆积、无空白。禁止使用含有粉粒的细料。采用压路机或引导行车碾压，使所撒石料均匀地压入路面。如采用行车碾压，应及时将飞散的粒料扫回，待泛油稳定后，将多余浮动的石料清扫并回收。

2. 波浪

波浪是路面上形成有规则的低洼和凸起变形。波浪的产生，主要是由于沥青洒布不均形成油垄，沥青多处矿料厚、沥青少处矿料薄，再经过行车不断撞击而造成高低不平。交叉口、停车站、陡坡路段行车水平力作用较大的地方，最易产生波浪变形。

(1)属于面层原因形成的波浪或搓板，可按下述方法进行维修：

路面仅有轻微波浪或搓板，可在波谷部分喷洒沥青，并匀撒适当粒径的矿料，找平后压实。波浪(搓板)的波峰与波谷高差起伏较大时，应顺行车方向将凸出部分铣刨削平，并低于路表面约 10mm。削除部分喷洒热沥青，再匀撒一层粒径不大于 10mm 的矿料，扫匀，找平，并压实。严重的、大面积的波浪或搓板，应将面层全部挖除，然后重铺面层。

(2)因面层与基层之间存在不稳定的夹层而使面层形成波浪(搓板)的，应挖除面层，清除不稳定的夹层后，喷洒黏结沥青，重铺面层。

(3)因基层局部强度不足，或稳定性差等原因造成的波浪(搓板)，应先对基层进行处治，再重做面层。

3. 拥包

在行车水平力作用下，沥青面层材料的抗剪强度不足则容易产生推挤、拥包。这类病害大多是由于所用的沥青稠度偏低，用量偏多，或因混合料中矿料级配不好，细料偏多而产生。此外，面层较薄，以及面层与基层的黏结较差，也易产生推挤、拥包。这种病害一般只能采取铲平的办法来处治。

4. 滑溜

沥青路面滑溜主要是由于行车作用造成的。矿料磨光，沥青面层中多余的沥青在行车荷载重复作用下泛油，也易形成表面滑溜。这类病害通常多采用加铺防滑封面来处治。

5. 裂缝

沥青路面裂缝的形式，有纵向裂缝、横向裂缝、网裂几种。

沥青路面沿路线纵向产生开裂的原因：一种是因填土未压实，路基产生不均匀沉陷或冻胀作用所造成；另一种是沥青混合料摊铺时间过长，或接缝处理不当，接缝处压实未达到要求，在行车作用下形成纵向裂缝。

冬季气温下降，沥青路面或基层收缩而形成的裂缝，一般为与道路中线垂直的横缝。土基干缩或冻缩产生的裂缝，亦以横缝居多。

路面整体强度不足，沥青面层老化，往往形成闭合图形的网裂。

对较小的纵缝和横缝，一般用灌入热沥青材料加以封闭处理。如图 6-1a) ~ 图 6-1e) 所示，为灌缝施工过程，介绍了沥青路面裂缝的处治方法：对较大的裂缝，则用填塞沥青石屑混合料方法处理；对于大面积的龟裂、网裂，通常采用加铺封层或沥青表面处治；网裂、龟裂严重的路段，则应进行补强或彻底翻修。

6. 坑槽

沥青路面产生坑槽的原因，是面层的网裂未及时养护而逐渐形成坑槽。如图 6-2 所示，基层局部强度不足，在行车作用下也易产生坑槽。坑槽修补过程，如图 6-3a) ~ 图 6-3f) 所示。

(1) 路面基层完好，仅面层有坑槽时的维修：

①按照“圆洞方补、斜洞正补”的原则，划出所需修补坑槽的轮廓线。

②沿所划轮廓线开凿至坑底稳定部分，其深度不得小于原坑槽的最大深度。

③清除槽底、槽壁的松动部分及粉尘、杂物，并涂刷黏层沥青。

④填入沥青混合料（在潮湿或低温季节，采用乳化沥青拌制的混合料），并整平、压实。如果坑槽较深（7cm 以上），应将沥青混合料分两次或三次摊铺和压实。

⑤热补法修补。采用热修补养护车，将加热板加热坑槽处路面，翻松被加热软化铺装层，喷洒乳化沥青，加入新的沥青混合料，然后搅拌摊铺，压路机压实成型。

(2) 若因基层局部强度不足等使基层破坏而形成的坑槽，则应先处治基层，再修复面层。

7. 松散

松散大多发生在沥青路面使用的初期。松散的原因是采用的沥青稠度偏低，黏结力差，用量偏少；或所用的矿料过湿、铺撒不匀；或所有嵌缝料不合规格而未能被沥青黏牢。基层湿软，则应清除松散的沥青面层后，重新压实，待基层干燥后再铺面层。

8. 啃边

在行车作用和自然因素影响下，沥青路面边缘不断缺损，参差不齐，路面宽度减小，这种现象称为啃边，如图 6-4 所示。产生啃边的原因是路面过窄，行车压到路面边缘而造成缺损；边缘强度不足，路肩太高或太低，雨水冲刷路面边缘都会造成啃边。对啃边病害的处治方法，是设置路缘石、加宽路面和加固路肩。有条件时设法加宽路面基层到面层宽度外 20 ~ 30cm。

a)

b)

c)

d)

e)

图 6-1　沥青路面裂缝的处治方法及过程

a)切缝;b)吹缝;c)灌缝;d)灌缝处理后;e)直接灌缝

图 6-2　坑槽

a) b)

c) d)

e) f)

图 6-3　沥青路面上坑槽的修补过程

a)切割;b)破碎;c)涂刷黏层油;d)摊铺混合料;e)压实;f)压实

图 6-4　啃边

第三节　水泥混凝土路面养护

一、水泥混凝土路面破坏原因及分类分级

水泥混凝土结构由于混凝土本身老化或施工缺陷，常致混凝土结构发生局部破损。例如混凝土浇筑过程因水化引起收缩而产生裂缝，施工不当带来构件缺陷，使用过程因构筑物的坍陷不均、磨损或大气影响造成剥落开裂等破损情况也是常有的。

在道路工程中的混凝土路面，除上述影响因素外，还要经受长期自重与重复荷载作用，混凝土就更易产生裂缝和破损。这样，不仅会降低结构的刚度和整体性，而且会加剧钢筋锈蚀或因改变受力状况而缩短混凝土结构的使用寿命，因此，对已破损的混凝土构筑物进行修补是非常必要的。

水泥混凝土路面损坏的分类分级，如表 6-1 所示。

水泥混凝土路面损坏的分类分级　　表 6-1

损坏类型		分级标准
面层断裂类	纵向、横向、斜向裂缝	轻：缝隙边缘无碎裂或错台的细裂缝，缝隙宽度 < 3mm； 中：缝隙边缘中等碎裂，或错台 < 10mm 的裂缝，缝隙宽度 < 15mm； 重：缝隙边缘严重碎裂或错台 > 10mm，缝隙宽度 > 15mm
	交叉裂缝、断裂板	轻：板被轻微裂缝分割成 2 ~ 3 块； 中：板被中等裂缝分割成 3 ~ 4 块，或被轻微裂缝分割成 5 块以上； 重：板被严重裂缝分割成 4 ~ 5 块，或被中等裂缝分割成 5 块以上
面层竖向位移类	沉陷、胀起	轻：车辆以限速驶过时，仅引起无不舒适感的轻微跳动； 中：车辆驶过时，产生不舒适感的较大跳动； 重：车辆驶过时产生过大的跳动，引起严重不舒适或不安全
面层接缝类	接缝填缝料损坏	轻：整个路段接缝填缝料情况良好，仅有少量接缝出现上述损坏； 中：整个路段接缝填缝料情况尚可，1/3 以下的接缝长度出现上述损坏，水和硬质材料易渗入或挤入； 重：接缝填缝料情况很差，1/3 以上的接缝长度出现上述损坏，水和硬质材料能自由渗入或挤入
	纵向裂缝张开	轻：接缝张开 10mm 以下； 重：接缝张开 10mm 以上
	唧泥、板底脱空	轻：车辆驶过时有水从板缝或边缘唧出，或在板接缝（裂缝）或边缘邻近的表面残留有少量唧出材料的沉淀物； 重：在板接缝（裂缝）或边缘的表面残留有大量唧出材料的沉淀物，车辆驶过时，有明显的颤动和脱空感
	错台	轻：错台量 < 5mm； 中：错台量 5 ~ 10mm； 重：错台量 > 10mm

续上表

损坏类型		分级标准
面层接缝类	接缝碎裂	轻:仅出现在接缝或裂缝两侧 8cm 范围内,尚未采取临时修补措施; 中:碎裂范围 >8cm,部分碎块松动或散失,但不影响安全或危害轮胎; 重:影响行车安全或危害轮胎
	拱起	轻:车辆以限速驶过时,仅引起无不舒适感的轻微跳动; 中:车辆驶过时,产生不舒适感的较大跳动; 重:车辆驶过时产生过大的跳动,引起严重不舒适或不安全
面层表层类	磨损、露骨	轻:深度≤3mm; 重:深度 >3mm
	纹裂、网裂、起皮	轻:板大部分面积出现纹裂或网裂,但表面状况良好,无起皮; 中:板出现起皮,面积小于等于混凝土板面积的 10%; 重:板出现起皮,面积大于混凝土板面积的 10%
	活性集料反映病害	轻:板出现网裂,面层可能变色,但未出现起皮和接缝碎裂; 中:出现起皮和(或)接缝碎裂,沿裂缝和接缝有白色细屑; 重:出现起皮和(或)接缝碎裂的范围发展到影响行车安全或危害轮胎,路面表面有大量白色细屑
	粗集料冻融裂纹	轻:裂纹出现在缝或自由边附近 0.3m 范围内,缝未发生碎裂; 中:裂纹出现在缝或自由边附近,范围 >0.3m,受影响区内缝出现轻微或中等碎裂; 重:裂纹影响区内裂缝出现严重碎裂,不少材料散失
	坑洞	不分轻重程度
	修补损坏	轻:轻微破损,或边缘处有轻微碎裂; 中:轻微裂缝或车辙、推移,边缘处有中等碎裂和 10mm 以下错台; 重:出现严重裂缝、车辙、推移或错台,需重新进行修补

二、水泥混凝土路面维修

针对上述破损,采用下列修补方案,具体修补地点、范围视现场状况而定。

(一)裂缝修补

1. 扩缝灌浆法

宽度 <3mm 的表面裂缝,可采取扩缝灌浆法。

(1)顺着裂缝用冲击电钻将缝口扩宽成 1.5 ~2cm 沟槽,槽深根据裂缝深度确定,最大深度不得超过 2/3 板厚。

(2)清除混凝土碎屑,用压缩空气吹净灰尘,填入粒径 0.3 ~0.6cm 的清洁石屑。

(3)采用聚硫环氧灌缝材料,按配比混合均匀并倒入灌浆器中。

(4)将灌缝材料灌入扩缝内。

(5)灌缝材料需要加热增加强度时,宜用红外线灯或装 60W 灯泡的长条线灯罩加热,温度控制在 50 ~60℃,加热 1 ~2h 即可通车。

2. 直接灌浆法

对宽度 >3mm 且没有碎裂的裂缝,可采取直接灌浆法。

(1)将缝内泥土、杂质清除干净,确保缝内无水、干燥。

(2)在缝两边约3mm的路面上及缝内涂刷一层聚氨酯底胶层,厚度为0.3mm±0.1mm,底胶用量为0.15kg/m²。

(3)将环氧树脂与固化剂等灌浆材料,按比例配制好,搅拌均匀后直接灌入缝内养护2~4h,即可开放交通。

3. 条带罩面补缝

对贯穿全厚的>3mm、<15mm的中等裂缝,宜采取条带罩面进行补缝(见图6-5)。

(1)顺裂缝两侧各约15cm,且平行于缩缝切7cm深的两条横缝,如图6-5a)所示。

(2)在两条横缝内侧用风镐或液压镐等凿除混凝土,深度以7cm为宜。

(3)沿裂缝两侧每隔50cm钻一对钯钉孔,其直径各大于钯钉的直径2~4mm。

并在二钯钉孔之间打一与钯钉孔直径相一致的钯钉槽。

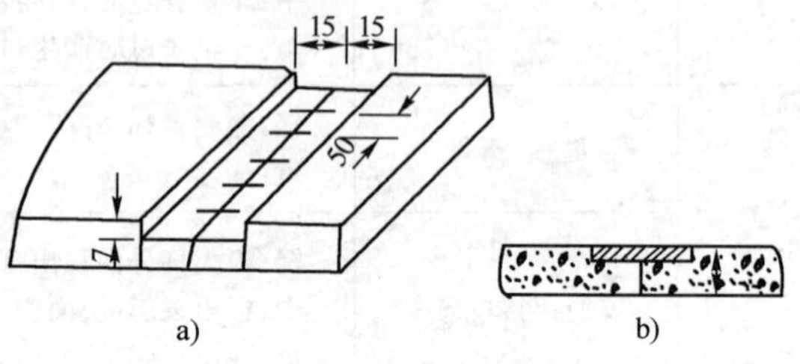

图6-5 条带罩面补缝(尺寸单位:cm)

a)钯钉;b)新浇混凝土

(4)钯钉宜采用16mm螺蚊钢筋,钯钉长度不小于20cm,弯钩长7cm。

(5)将孔槽内填满快凝砂浆,把除过锈的钯钉插入钯钉孔内安装。

(6)将切割的缝内壁凿毛,清除松动的混凝土碎块及表面松动的裸石。

(7)将修补混凝土毛面上刷一层黏结砂浆。

(8)浇筑快凝混凝土,并及时振捣密实、抹光和喷洒养护剂。其喷洒面应延伸到相邻老混凝土面板20cm以上。

(9)在修补块的面板两侧,用切缝机加深缩缝,并灌注填缝料,如图6-5b)所示。

(二)水泥混凝土路面板边、板角修补

水泥混凝土路面板角破损和板角断裂,是水泥混凝土路面常见病害之一,如不及时修复将导致病害的扩大,甚至引起整个面板的断裂进而影响行车安全。

1. 板边修补

(1)当水泥混凝土板边轻度剥落时,应将混凝土剥落的碎块清理干净,可用灌缝材料填充密实,修补平整。

(2)当水泥混凝土板边严重剥落时,在剥落混凝土外侧,平行于板边划线,用切缝机切割混凝土。切割深度略大于混凝土剥落深度,用风镐凿除损坏混凝土,用压缩空气清除混凝土碎屑,立模,浇筑混凝土修补材料,用养护剂养生。达设计强度后,即可开放交通。

(3)当水泥混凝土板边全深度破碎,可按全深度补块的方法进行修复。

2. 板角修补

(1)板角断裂应按破裂面的大小确定切割范围并放样,如图6-6所示。

(2)用切割机切边缝,用风镐凿除破损部分,凿成规则的垂直面。对原有钢筋不应切断,如果钢筋难以全部保留,至少也要保留长20~30cm的钢筋头。

(3)检查原有的滑动传力杆,如果有缺陷应予更换,并在新老混凝土之间加设传力杆。在面板1/2板厚中央,用冲击电锤打一直径为22mm的水平孔,深20cm、水平间距30~40mm。每个孔应先用压缩空气将孔内混凝土碎屑吹除,然后将其周围湿润,用快凝砂浆填塞捣实;尔后插一根直径为2cm、长为40cm的光圆钢筋,待砂浆硬化后,浇筑快凝混凝土。

(4)如基层不良时,应用C15混凝土浇筑基层。

(5)与原有路面板的接缝处，如有缩缝，则应隔上塑料薄膜或涂上沥青，防止新旧混凝土黏结在一起。如有胀缝，应设置接缝板。

(6)浇筑的混凝土硬化后，用切缝机切出宽3mm、深4cm的接缝槽，并用压缩空气清缝，灌入填缝材料。

(7)待混凝土达到强度后，方可开放交通。

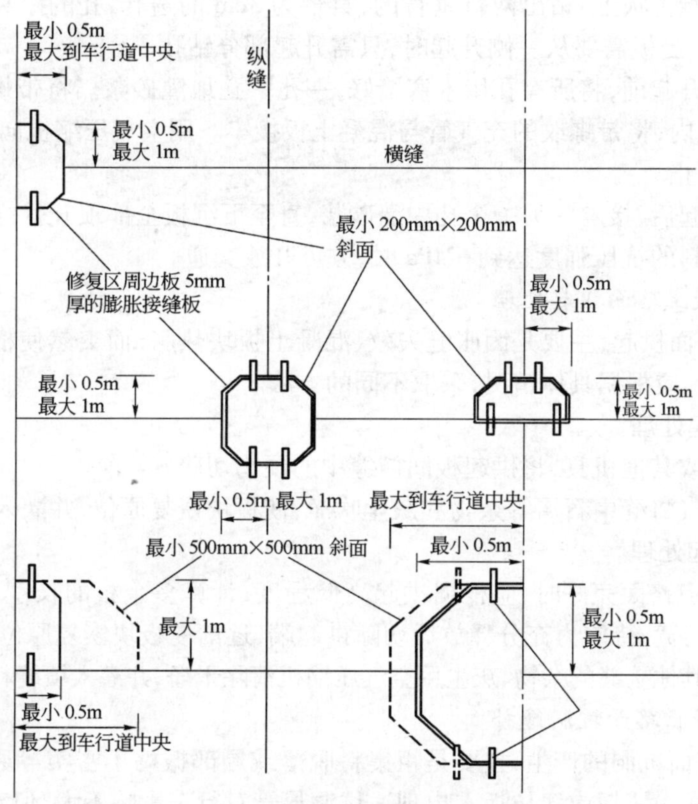

图 6-6　水泥混凝土路面板角修补法

注：修复纵向边不能位于车轮轨迹上。

(三)水泥混凝土路面错台的处治

水泥混凝土路面错台病害，轻则影响行车的舒适性，重则危及行车安全，因此应根据错台的轻重程度，采取不同措施及时进行维修处治。

(1)路面轻微错台的处治方法。轻微错台的高差＜5mm时，可不作处理。高差5～10mm的错台，可采取如下处治方法：

①人工凿平法；

②机械磨平法；

③人工配合机械处治法，即先用人工将高出的错台板基本凿平，然后用磨平机再磨平，并清缝后灌入填缝料。

(2)路面严重错台处治方法。

高差大于10mm的严重错台，可采取沥青砂或水泥混凝土进行处治。

(四)水泥混凝土路面沉陷处理

沉陷是水泥混凝土路面严重病害之一，它可以导致面板的错台、严重破碎以致影响到行车安全。因此，必须设置排水措施，对严重沉陷应及时处治。其方法有板块灌沙顶升法、千斤顶顶升法、浅层结合式修补法和整块板翻修法等。

水泥混凝土路面的沉陷，可采取水泥混凝土路面板块顶升法。其具体要领有以下几个方面。

(1)在顶升水泥混凝土路面板前，应用水准仪测量下沉板的下沉量，测站与下沉处距离应大于50m，并绘出纵断面，求出升起值。

(2)在每块混凝土板上，钻出两行垂直的，直径为3cm的透孔，孔的距离约1.0m，每孔所占面积3~3.5m²。当板需要从一侧升起时，只需升起部分钻孔。

(3)在路面板升起前，将所有孔用木塞堵好，一孔一孔地灌砂浆。将带螺母的镀锌管短接头插入混凝土面板内，将带螺纹的充气管与混凝土板接牢。用空气压缩机向孔中灌砂浆，直至砂浆冒出缝外时为止。

(4)路面板升起后，接着往另一个孔中灌砂浆，直至下沉板全部顶升就位。

(5)当压浆材料的抗压强度达到6MPa时，方可开放交通。

(五)水泥混凝土路面拱起处理

水泥混凝土路面拱起，主要是因胀缝失效、混凝土板块热胀，而突然使横缝两侧的板体明显提高，其处理措施应根据具体情况，采取不同的方法。

1. 对轻微拱起处理

(1)用切缝机或其他机具，将拱起板间横缝中的硬物切碎。

(2)用压缩空气将缝中石屑等杂物和灰尘吹净，使板块恢复原位，并灌入填缝料。

2. 对严重拱起处理

(1)板端拱起但路面完好时，应根据拱起高低程度，计算多余板的长度，将拱起板块两侧附近1~2条横缝切宽，待应力充分释放后切除拱起端，逐渐使板块恢复原位。

(2)将横缝和其他接缝的杂物、灰尘用空气压缩机清除干净，并灌入填缝料，如图6-7所示。

(六)水泥混凝土路面坑洞修补

水泥混凝土路面坑洞的产生，主要是粗集料脱落或局部振捣不密实等原因所致。发生坑洞面积不等，有的在一块板或多块板上出现。坑洞尽管对行车影响不大，但对路面的外观和表面功能都有较大影响，因此，应根据实际情况采取相应措施进行修补。

1. 对路面板个别坑洞的修补

(1)用手工或机械将坑洞凿成矩形的直壁槽；

(2)用压缩空气把槽内的混凝土碎块及尘土吹净；

(3)用海绵块沾水后湿润坑洞，不得使坑洞内积水；

(4)用高强度水泥砂浆等材料填补，并达到平整密实。

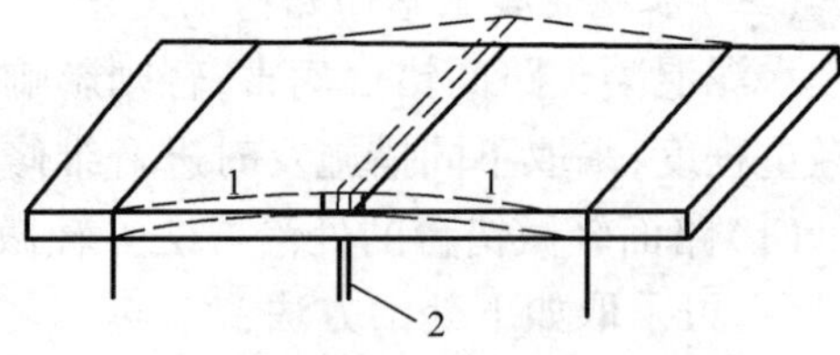

图6-7 水泥混凝土路面板体拱起修复
1-拱起板；2-切除部分

2. 大面积坑洞路面板的修补

对面积大于20m²、深度在4cm左右成片的坑洞，可用浅层结合式表面修复或沥青混凝土罩面进行修补。

浅层结合式表面修复，有如下具体方法：

①将连成片的坑洞周围标画出与路中心线平行或垂直的区域，并用风镐凿除深度2~3cm，如图6-8所示；

②将修复区内凿掉的混凝土运出，并清除其碎屑和灰尘；

③在修复区表面用水喷洒湿润为止，并适时涂刷黏结剂；

④将拌和好的混凝土摊铺于修复区内整平、振捣密实；

⑤用压纹器压纹，压纹深度宜控制在3mm左右；

⑥用养护剂养生，使修复面经常处于潮湿状态；

⑦待混凝土达到通车强度后，开放交通。

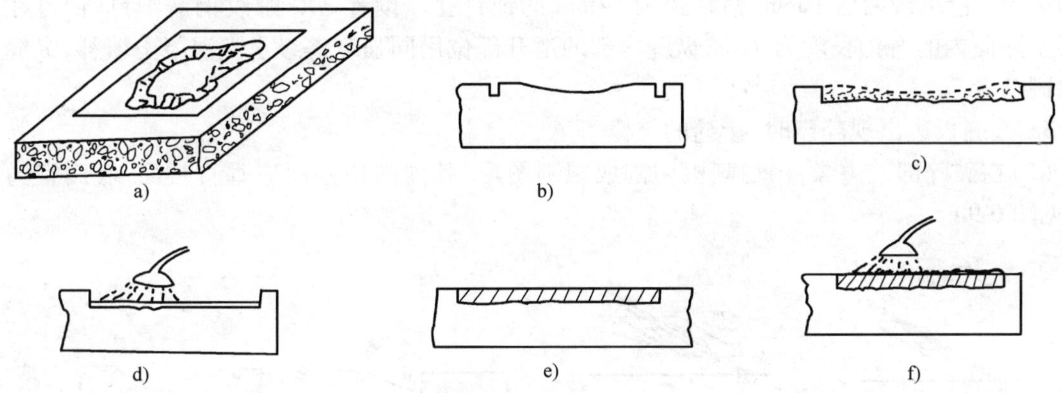

图6-8　浅层结合式表面修复的程序

a)在损坏处周围标出正方形或长方形区域；b)沿着修复区的周边刻出轮廓槽；c)取出修复区内有缺陷的混凝土；d)用水完全湿润修复区或根据需要打底层；e)加入修复材料并完全压实；f)加上表面纹理并立即养生

（七）水泥混凝土路面接缝维修

水泥混凝土路面的接缝，包括纵向施工缝、纵向缩缝、横向施工缝、横向缩缝、横向胀缝等。接缝是水泥混凝土路面的薄弱环节，最易引起破坏，水、砂子等物也最容易从接缝进入，导致面板的唧泥、脱空、断板、沉陷等病害的产生，因此对接缝必须加强养护维修，以减少路面病害的产生。

1. 接缝填缝料损坏维修

(1)用小扁凿或清缝机具清除旧填缝料和杂物，并将缝内灰尘吹净。

(2)接缝作胀缝修理时，先将建筑热沥青涂刷缝壁、再将接缝板压入缝内。对接缝板接头及接缝与传力杆之间的间隙，必须用沥青或其他填缝料填实抹平。上部用嵌缝条的应及时嵌入缝条。

(3)用加热式填缝料修补时，必须将填缝料加热至灌入温度，滤去杂物，倒入灌缝机内即可填灌。在填缝的同时，宜用铁钩来回钩动，以增加与缝壁的黏结和填缝的饱满。在气温较低季节施工时，应先用喷灯将接缝预热。

(4)用常温式填缝料修补时，除无须加热外，其施工方法与加热式填缝料相同。

(5)填缝料的技术要求与施工质量验收标准，应符合现行《公路水泥混凝土路面养护技术规范》(JTJ 073.1—2001)和现行《公路工程质量检验评定标准》(JTJ F80/1—2004)的规定。

2. 纵向接缝张开维修

(1)当相邻车道面板横向位移、纵向接缝张开宽度在10mm以下时，宜采取聚氯乙烯胶泥、焦油类填缝料和橡胶沥青等加热施工填缝料。

(2)当相邻车道面板横向位移、纵向接缝张口宽度在10～15mm时，宜采取聚氨酯类常温施工式填缝料进行维修。其注意事项如下：

①维修前应清除缝内杂物和灰尘；

②按材料配比配制填缝料；

③宜采用挤压枪注入填缝料；

④填缝料固化后，方可开放交通。

(3)当纵向接缝张口宽度在15~30mm时，采用沥青砂填缝。

(4)当纵缝宽度达30mm以上时，可在纵缝两侧横向锯槽并凿开，槽间距60cm、宽5cm、深度为7cm。沿纵缝两侧10cm，钻直径为14mm的钯钉孔。设置$\phi12$螺纹钢筋钯钉，钯钉在老混凝土路面内的弯钩长度为7cm，纵缝内部的凿开部位用同强度等级水泥混凝土填补，纵缝一侧涂刷沥青。

3. 接缝板边出现碎裂时，接缝的维修

(1)在破碎部位边缘，用切割机切割成规则图形，其周围切割面应垂直板面，底面宜为平面(见图6-9)。

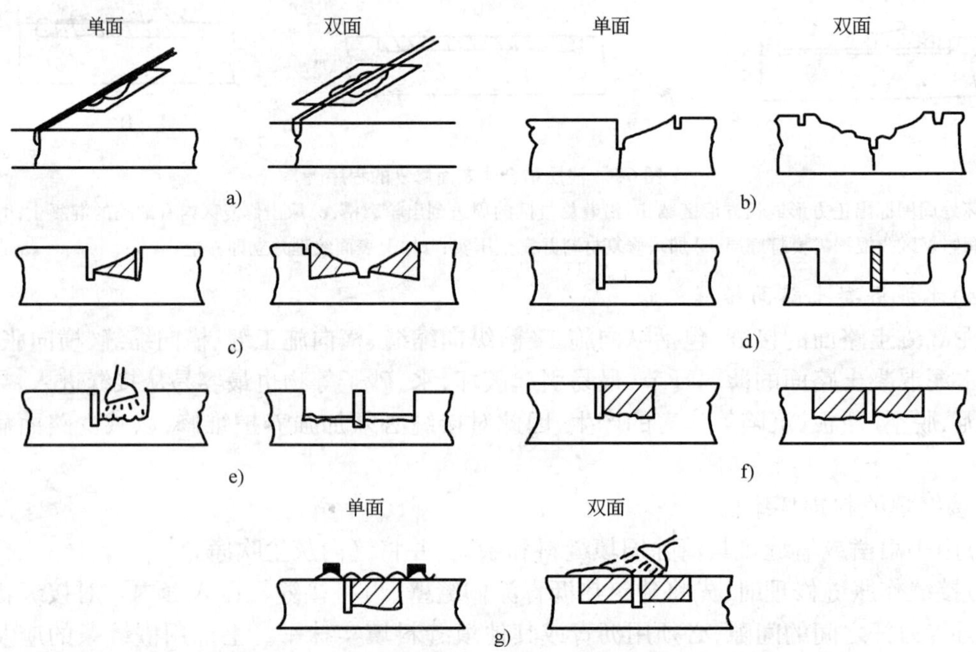

图6-9 路面板接缝处浅层剥落的浅层接合式角隅修复的程序

a)标出修复区；b)标出周边轮廓并锯出定位槽；c)从修复区内取出所有损坏的混凝土并清洁之；d)在定位槽中稳定地固定模板，以防止跨过接缝裂缝的材料接触；e)用水使修复区完全湿润或根据需要打底；f)加入修复材料并完全压实；g)立即养生

(2)清除混凝土碎块，吹净灰尘杂物，并保持干燥状态。

(3)用高模量补强材料进行填充，其材料技术性能应符合《公路水泥混凝土路面养护技术规范》(JTJ 073.1—2001)的规定。

(4)修补混凝土达到通车强度后，方可开放交通。

(八)水泥混凝土路面板下脱空处治

水泥混凝土路面板下脱空处治，在确定脱空板的位置、范围的基础上，做好灌浆机具和灌浆材料准备及其配制以后，方可实施板下脱空处治工艺。

1. 灌浆前的准备工作

(1)检查压浆泵、发电机组各连接部件是否紧固，供电线路、电器是否正常，润滑部位液面是否足够。

(2)彻底排清砂浆搅拌机的积水及残留物。

(3)机组水箱、钻孔机水箱是否加满了水。

(4)压浆管路及胀卡头是否完整有效。

(5)根据各块板的弯沉值和损坏的具体情况,确定需灌浆加固的水泥混凝土板及范围,如图6-10所示。

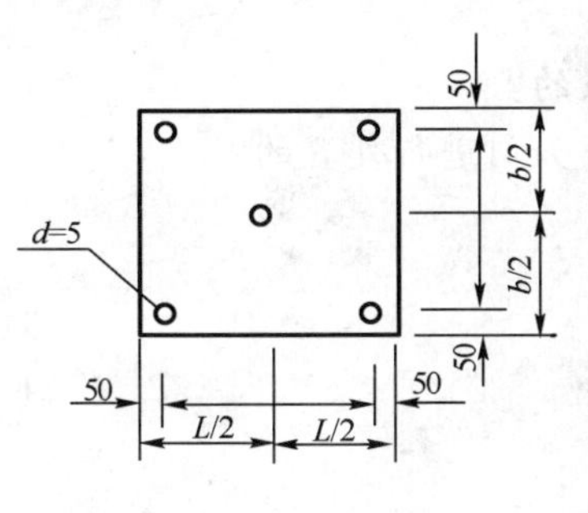

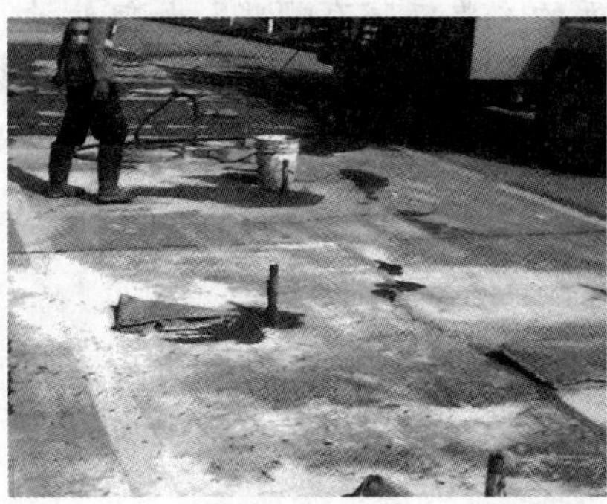

图6-10　灌浆孔布置(尺寸单位:cm)

注:d-灌浆孔孔直径;L-板长;b-板宽。

(6)在板上确定孔位,并做好标记。

2. 钻孔作业

(1)将钻孔机放置在确定的钻孔位置,开动钻机开关,观察钻头转向无误,并有水流出,方能开始钻孔。

(2)孔的直径应略大于灌浆的喷咀直径,孔的深度应穿过混凝土板,钻入稳定的基层1～3cm。

(3)用海绵块将钻孔中的积水吸出,并用空压机清除板下杂质污物,形成脱空,以利浆体的分布和黏结。

(4)将胀卡头牢固地安装在钻孔上。

3. 砂浆制备

(1)根据所需灌注的体积、浆体配合比及施工速度,称取各种材料。

(2)开动砂浆搅拌机,在水中加入减水剂和早强剂,并将水泥、粉煤灰、砂、膨胀剂倒入灌浆机的搅拌筒中,先干拌均匀,然后再加入已溶有减水剂、早强剂的水,并不断搅拌5～10min形成均匀浆体。

(3)配制好的浆体,应在30min内使用,并且在施工过程中应不停地搅拌,中途不得停机。

4. 灌浆作业

(1)灌浆时,应先灌注面板边缘的孔,再灌注面板中间的孔。

(2)将灌浆机的喷嘴插入孔中,并压紧以防浆体由孔中流出。

(3)启动灌浆机,将压力泵的压力均匀增加到1.5MPa左右(因机械不同需要的压力各异),进行灌浆。

(4)待浆体由其他孔中或板边挤出时,表明板下空隙已被灌满,应减小压力,并将喷嘴提起,立即用木塞塞孔,防止浆体溢出,至浆体初凝,拔出木塞,用高强度砂浆封孔、抹平。

(5)关闭压力泵,将灌浆机移到下一个孔继续灌浆,待一块板灌浆完毕后,再移至其他板块灌浆。

(6)灌浆区板下的浆体经2~3d的硬化,达到通车强度达5MPa以上后,即可开放交通。

思考题

1. 路面养护的要求是什么?路面养护工程的分类及其主要内容是什么?
2. 沥青路面的破坏可分为哪两类?形成的原因是什么?
3. 沥青路面的主要病害有哪些?如何处治?
4. 水泥混凝土路面损坏是如何进行分类分级的?
5. 水泥混凝土路面各类损坏根据损坏程度是如何进行处置的?

第七章 路面施工安全操作

学习目标

熟悉路面施工中应该注意的安全问题。

本章重点

基层、面层施工中安全要点。

本章难点

路面各个施工环节应该注意的安全问题。

第一节 基层施工中的安全要点

1. 路面基层施工时,应遵守下列安全操作要求要点

(1)消解石灰时,不得在浸水的同时边投料、边翻拌,人员应远避以防烫伤。

(2)路边堆放石灰消解时,应慢洒水或泼水,操作人员应站在上风向。

(3)装卸、洒铺及翻动粉状材料时,操作人员应站在上风侧,轻搅轻翻减少粉尘,并应配口罩或其他防护用品。散装粉状材料宜使用粉料运输车运输,否则车箱上应采用篷布遮盖。装卸尽量避免在大风天气下进行,否则,应特别加强安全防范。

2. 稳定土拌和机作业安全要点

(1)应根据不同拌和材料,选用合适的拌和齿,并对机械及相关的配件等进行检查。

(2)拌和机作业时,应先将转子提起离开地面空转,然后再慢慢下降至拌和深度。

(3)在拌和过程中,不能急转弯或原地转向,严禁使用倒挡进行拌和作业。遇到底层有障碍物时,应及时提起转子,进行检查处理。

(4)拌和机在行走和作业过程中,必须采用低速,保持匀速。液压油的温度不得超过规定。

(5)停车时要拉上制动器,将转子置于地面。

3. 场拌稳定土机械作业安全要点

(1)对机械及配套设施进行安全检查。

(2)皮带运输机应尽量降低供料高度,以减轻无用冲击。在停机前必须将料卸尽。

(3)拌和机仓壁振动器在作业中铁心和衔铁不得碰撞。如发生碰撞应立即调整振动体的振幅和工作间歇。仓内不出料时,严禁使用振动器。

(4)拌和结束后,给料斗、储料仓中不得有存料,应清理干净。

(5)搅拌壁及叶桨的紧固状况应经常检查,如有松动,应立即拧紧;如有损坏,必须及时

更换。

4. 碎石撒布机作业的安全要点

(1)机械与配套设施应进行检查。

(2)自卸汽车与撒布机联合作业,应紧密配合,以防碰撞。

(3)撒布碎石,车速要稳定,不应在撒布过程中换挡。严禁撒布机长途自行转移。

(4)在工地作短距离转移,必须停止拨料辊及皮带运输机的转动,并注意道路状况以防出现其他事故。

(5)作业时,无关人员不得进入现场,以防碎石伤人。

(6)石料的最大粒径,不得超过说明书中的规定。

5. 洒水车作业中的安全要点

(1)洒水车在公路上抽水时,不得妨碍交通。

(2)在有水草和杂物的水道中抽水,吸水管端应加设过滤网罩。

(3)洒水车在上下坡及弯道运行中,不得高速行驶,并避免紧急制动。

(4)洒水车驾驶室外不得载人。

第二节　沥青路面施工中的安全要点

沥青路面施工中应遵守以下安全操作要点:

(1)沥青操作人员均应进行体检,凡患有结膜炎、皮肤病及对沥青过敏反应者,不宜从事沥青作业。

(2)从事沥青作业人员,皮肤外露部分均需涂抹防护药膏。工地上应配有医务人员。

(3)沥青操作工的工作服及防护用品,应集中存放,严禁穿戴回家和进入集体宿舍。

(4)沥青加热及混合料拌制,宜设在人员较少、场地空旷的地段。产量较大的拌和设备有条件的应增设防尘设施。

(5)块状沥青搬运一般宜在夜间和阴天进行,尤应避免炎热季节。搬运时,宜采用小型机械装卸,不宜用于直接装运。用手装运时,必须要有相应的防护,如坎肩、帆布手套、工作服等。

(6)液态沥青宜采用液态沥青车运送。对沥青下出口阀门应认真检查其可靠性和密封性。使用时应遵守下列规定:

①用泵抽送热沥青进出油罐时,工作人员应避让。

②向储油罐注入沥青时,当浮标指标达到允许最大容量时,要及时停止注入。

③满载运行时,遇有弯道、下坡时要提前减速,避免紧急制动。储罐装载不满时保持中速行驶。

(7)采用吊耳吊装桶装沥青时,应遵守下列规定:

①吊具应严格检查,达到合格要求。吊装作业应有专人指挥。沥青桶的吊索应绑扎牢固。

②吊起的沥青桶不得从运输车辆的驾驶室上空越过,并应高于车厢板,以防碰撞。

③吊臂旋转半径范围内不得站人。

④沥青桶未稳妥落地前,严禁卸、取吊绳。

(8)人工装卸桶装沥青时,应遵守下列规定:

①运输车辆应停放在平坡地段,并拉上驻车制动器。

②上桶装沥青的跳板应有足够的强度，坡度不应过陡。

③沥青桶不得漏油，否则应先堵漏，后搬运。

④放倒的沥青桶经跳板上（下）滚动装车时，要在露出跳板两侧的铁桶上各套一根绳索。收放绳索时要缓慢，并应两端同步上下。

（9）人工运送液态沥青，装油量不得超过容器的2/3。

（10）蒸汽加温沥青时，其蒸汽管道应连接牢固，严加保护；在人员容易触及的部位，保温材料要包扎。锅炉的安全应符合标准规定要求。

（11）太阳能油上面的工作梯必须具有防滑措施，并严禁非作业人员攀登。

（12）远红外加热沥青，应遵守下列规定：

①使用前应检查机电设备和短路过载保安装置是否良好，电气设备有无搭铁，确认符合要求后方可合闸作业。

②沥青油泵应进行预热，当用手能转动联轴器时，方可启动油泵送油。输油完毕后将电机反转，使管道中余油流回锅内，并立即用柴油清洗沥青泵及管道。清洗前必须关闭有关阀门，严防柴油流入油锅。

（13）导热油加热沥青，应遵守下列规定：

①加热炉使用前必须进行耐压试验，水压力应不低于额定工作压力的二倍。

②对加热炉及设备应作全面检查，各种仪表应齐全完好。泵、阀门、循环系统和安全附件应符合技术和安全要求，超压、超温报警系统应灵敏可靠。

③必须经常检查循环系统有无渗漏、振动和异声；定期检查膨胀箱的液面是否超过规定，自控系统的灵敏性和可靠性是否符合要求。并定期清除炉管及除尘器内的积灰。

④导热油的管道，应有防护设施。

（14）明火熬制沥青中的安全要点：

①锅灶设置。

a. 支搭的沥青锅灶，应距建筑物30m，距电线垂直下方在10m以上。物品，应备有锅盖、灭火器等防火用具。

b. 油锅上方搭设的防雨棚，严禁使用易燃材料。

c. 沥青锅的前沿（有人操作的一面）应高出后沿10cm以上，并高出地面0.8～1.0m。

d. 舀、盛热沥青的勺、桶、壶等不得锡焊。

②沥青预热。

a. 打开沥青桶上的大、小盖。当只有一个桶盖时，应在其相对方向另开一孔，以便通气出油。桶内如有积水则必须先予排除。

b. 操作人员应注意沥青突然喷出。如发现沥青从桶的砂眼中喷出，应在桶外的侧面，铲以湿泥涂封，不得用手直接涂封。

c. 烤油中如发现沥青桶口堵塞时，操作人员应站在侧面用铁棍疏通。

d. 烤油时必须用微火，不得用大火猛烤。

e. 卧桶烤油时的油桶应搭设牢固，流向储油锅（池）的通道要畅通。

f. 卧桶烤油时，如搭设有排灶，油桶在微火口上开始时应时时转动油桶，不得局部过分受热。当沥青开始处于流动状态时，应将油桶小口朝下，大口朝上，油从小口流入油桶。同时，应在排灶火口和油槽前，设置安全墙。

g. 桶装沥青中，往往含有成团的水，在预热后沥青流入油锅熬制前，应注意除去明水，以免入锅后，引起涨锅。

(15)洒布机(车)工作地段的安全要点：

①洒布现场应设专人警戒。

②施工现场的障碍物应清除干净。

③洒油时作业范围内不得有人。

④施工现场严禁使用明火。

(16)沥青洒布车作业中的安全要点：

①检查机械、洒布装置及防护、防火设备是否齐全有效。

②采用固定式喷灯向沥青箱的火管加热时，应先打开沥青箱上的烟囱口，并在液态沥青淹没火管后，方可点燃喷灯。加热喷灯的火焰过大或扩散蔓延时，应立即关闭喷灯，待多余的燃油烧尽后再行使用。

③喷灯使用前除进行检查外，应先封闭吸油管及进料口。手提式喷灯点燃后不得接近易燃品。

④满载沥青的洒布车应中速行驶。通过弯道或下坡时，应提前减速，尽量避免紧急制动。行驶时，严禁使用加热系统。

⑤驾驶员与机上操作人员应密切配合，操作人员应齐全配备防护用品，注意自身安全。作业时，在喷洒沥青方向10m以内不得有人停留。

(17)沥青洒布机作业中的安全要点：

①工作前应将洒布机车轮固定，检查高压胶管与喷油管连接是否牢固，油嘴和节门是否畅通，机件有无损坏。检查确认完好后，再将喷油管预热，安装喷头，经过在油箱内试喷后，才可正式喷洒。

②装载热沥青的油桶应坚固、不得漏油，其装油量要低于桶口10cm。向洒布机油箱注油时，油桶要靠稳，在油箱口缓慢向下倒油，不得猛倒。

③喷洒沥青时，手握的喷油管部分应加缠旧麻袋或石棉绳等隔热材料。操作时，喷头严禁向上。喷头附近不得站人。注意风向，不得逆风操作。

④压油时，速度要均匀，不得突然加快。喷油中断时，应将喷头放在洒布机油箱内，固定好喷管，不得滑动。

⑤移动洒布机时，油箱中的沥青不得过满。

⑥喷洒沥青时，如发现喷头堵塞或其他故障，应立即关闭阀门，等修理好后，再行作业。

(18)人工拌和作业时，应使用铁壶或长柄勺倒油。壶嘴或勺口不应提得过高，防止热油溅起伤人。油注入壶中时要匀且要慢，提动行走时要稳，不得晃动太大，以免油从壶嘴射出伤人。

(19)沥青混合料拌和设备作业中的安全要点：

①作业前。热料提升斗、搅拌器及各种称斗内不得有存料。

②配有湿式除尘系统的拌和设备，应检查其除尘系统的水泵及其他部件是否完好，保证喷水量稳定且不中断。

③卸料斗处于地下底坑时，应防止坑内积水淹没电器元件。

④拌和机起动、停机必须按规定程序进行。点火失效时，应关闭喷燃器油门，待充分通风后再行点火。需要调整点火时，必须先切断高压电源。

⑤液化器点火时，必须认真检查减压阀及压力表，使其完好可靠，方可使用。燃烧器点燃

后,必须关闭总阀门。

⑥连续式拌和设备的燃烧器熄火时,应立即停止喷射沥青。当烘干拌和筒着火时,应立即关闭燃烧器鼓风机及排风机,停止供给沥青;再用含水率高的细集料投入烘干拌和筒,并在外部卸料口用干粉或泡沫灭火器进行灭火。

⑦关机后,应清除皮带上、各供料斗及除尘装置内外的残余积物,并清洗沥青管道。

(20)沥青混合料拌和站作业中的安全要点:

①沥青混合料拌和站的各种机电(包括使用微电脑控制进料的)设备,在运转前均需由机工、电工、电脑操作人员进行仔细检查,确认正常完好后才能合闸运转。

②机组投入运转后,各部门、各工种都要随时监视各部位运转情况,不得擅离岗位。

③运转中严禁人员靠近各种运转机构。

④运转过程中,如发现有异常情况,应报机长,并及时排除故障。停机前应首先停止进料,等搅拌鼓、供料筒等各部位卸料完后,才可提前停机。再次起动时,不得带荷起动。

⑤搅拌机运行中,不得使用工具伸入滚筒内掏挖或清理。需要清理时,必须停机。人员进入搅拌鼓内工作时,鼓外要有人监护。

⑥料斗升起时,严禁有人在斗下工作或通过。检查料斗时,应将保险链挂好。

(21)沥青混合料摊铺作业时的安全要点:

①驾驶台及作业现场要视野开阔,清除一切有碍工作的障碍物。非驾驶员不得在驾驶台上逗留。驾驶员不得擅离岗位。

②运料车向摊铺机卸料时,应协调动作,同步进行,防止互撞。

③换挡必须在摊铺机完全停止时进行,严禁强行挂挡和在坡道上换挡或空挡滑行。

④熨平板预热时,应控制热量,防止因局部过热而变形。加热过程中,必须设专人看管。

⑤驾驶力求平稳,不得急剧转向。弯道作业时,熨平装置的端头与路缘石的间距不得小于10cm,以免发生碰撞。

⑥用柴油清洗摊捕机时,不得接近明火。

⑦作业中应设立施工标志。

第三节　水泥混凝土路面施工中的安全要点

一、 混凝土拌和与运送中的安全要点

1. 混凝土拌和的安全要点

(1)搅拌站

①搅拌站应按设计要求,安装在具有足够承载力、坚固、稳定的基座上。操作处应设作业平台及防护栏杆,并应稳固、可靠。站内道路必须满足运输使用上的要求。

②搅拌站的电气设备和线路,应认真检查合格,绝缘良好。机械设备外露的转动部分,应设可靠的防护装置及警示标志。

③搅拌站的机械设备安装完毕后,要对离合器、制动器、升降器进行检查,保证灵活、有效、可靠。对轨道滑轮进行检查,保证良好合格。对钢丝绳进行检查,确认无断裂或损坏等,并应进行试转,全部机械达到正常后,方可作业。

④所用材料必须按设计规划有序堆放。

(2)发电机组

①工期较长的公路工程,发电机组应设置在安全可靠的机房内,其基础应平整坚实,必要时,应设置在混凝土基座上。机房内应配备有效的消防设施。

②发电机应设搭铁保护,搭铁电阻不得大于4Ω。发电机连接配电盘及通向所有配电设备的导线,必须绝缘良好,接线牢固。

③施工单位的发电机电源应与外电线路电源连锁,严禁并列运行。

④发电机附近不得放置易燃、易爆物品。

(3)皮带运输机

①移动式皮带运输机运转作业前,应将行走轮用三角木对称楔紧;固定式皮带运输机,应安装在牢固的基础上。

②空载起动后,应检查各部位的运转和皮带的松弛度,如无异常,在达到额定转速后,方可均匀装料。

③严禁运转中进行修理和调整。作业人员不得从皮带运输机下面穿过或跨越输送带。

④输送大块物料时,输送带两侧应加设挡板或栅栏等防护装置。运料中,应及时清除输送带上的粘连物。停机后要切断电源。

(4)混凝土拌和

①人工手推车上料时,手推车不得松手撤把。运输斜道上,应设有防滑设施。

②机械上料时,在铲斗(或拉铲)移动范围内不得站人,铲斗下方严禁有人停留或通过。向搅拌机内倾倒水泥,宜采用封闭式加料斗,为减少进出料口的粉尘飞扬,应加设防护板。

③操作人员应配戴防护用品。

④作业结束时,应将料斗放下,落入斗坑或平台上。

2. 混凝土运送的安全要点

(1)手推车或小型翻斗车装运混凝土时,车辆之间应保持一定的安全距离。

(2)水泥混凝土运输车运送混凝土拌和物时,其安全要点是:

①液压泵、液压马达及阀门应紧固,并与管道连接牢固,密封良好。各泵旋转应无卡阻和异常声响。

②当传动系统出现故障,液压油输出中断而导致滚筒停转,并一时无法修复时,要利用紧急排出系统快速排出混凝土拌和物。

③严禁用手触摸旋转中的搅拌筒和随动轮。

④在运送过程中,要遵守交通规则。

⑤自卸汽车运送混凝土混合物,不得超载和超速行驶,车停稳后方准顶车卸料。车箱尚未放下时,操作人员不得上车清除残料。

二、混凝土路面摊铺施工中的安全要点

1. 人工摊铺作业中的安全要点

(1)装卸钢模板时,必须逐片轻抬轻放,不得随意抛掷。堆砌时,应规则有序并稳妥。

(2)操作时,特别是多人同时操作摊铺时,因工作面小,锄、锹等均为长物工具,必须相互关照,注意安全。

(3)固定模板时,插钉或长圆头钉等不得乱放乱搁,以免伤人;完工后,应将其收拾干净。

(4)使用振捣器时要注意以下两点:

①使用电动振捣器,操作人员要配戴安全防护用品。配电盘(箱)的接线宜使用电缆线。

②注意保护好电力线,防止将其割伤,保证其绝缘良好,应经常注意检查。

(5)如采用木模板,拆模后的模板皮堆放要整齐,并及时取钉,砌放稳妥。

2. 机械摊铺作业中的安全要点

(1)轨模摊铺机作业的安全要点

①布料机与振平机之间,应保持5~8m的安全距离。

②要认真检查布料机传动钢丝的松紧是否适度。不得将刮板置于运行方向垂直的位置,也不得借助整机的惯性冲击料堆。

③作业中严禁驾驶员擅离岗位,无关人员不得在驾驶台上停留或上下摊铺机。在弯道上作业时,要注意防止摊铺机脱轨。

(2)滑模摊铺机作业的安全要点

公路水泥混凝土路面滑模施工在我国是新型工艺技术,在设计上和施工工艺上均有其特点和不同的要求,因此,我们就其安全生产中的要点作更详细的介绍。

①滑模施工的基本要求

滑模摊铺机作业,应根据滑模机械化施工特点,做好安全生产和保卫工作。施工前,施工单位应对员工进行安全生产教育,树立安全第一的思想。

②滑模施工安全生产规定

施工过程中,应制定搅拌楼、运输车辆、滑模摊铺机及其辅助机械设备的安全操作规程,并在施工中严格执行。其安全操作规程,包括以下几个方面:

a. 在搅拌楼的拌和锅内清理内壁黏结混凝土,无电视监控的搅拌楼,必须有2人以上,方可进行,1人清理,1人值守操作台。有电视监控的搅拌楼,必须打开电视监控系统,关闭主电源,并在主开关上挂警示红牌。搅拌楼机械上料时,在铲斗及拉铲活动范围内,人员不得逗留和通过。

b. 运输车辆倒退时,车辆应鸣后退警报,并有专人指挥和查看车后情况。

c. 施工中,布料机支腿臂、松铺高度梁和滑模摊铺机支腿臂、搓平梁、抹平板上严禁站人及操作。夜间施工,在滑模摊铺机上应有明亮的照明和明显的示警标志。滑模摊铺机停放在通车道路上,周围必须设置明显的安全标志,夜间应用红灯警示。

d. 施工中所有机械设备禁止驾驶员擅离操作台,严禁吸烟和使用任何明火。

③交通安全

滑模施工现场必须做好交通安全工作。交通繁忙的路口应设立标志,并有专人指挥。公路路口及基准线附近应设置警示灯或反光标志,有专人管理灯光照明。

④用电安全

施工机电设备应有专人负责保养、维修和看管,确保安全生产。施工现场的电线、电缆应尽量放置在无车辆、人、畜通行的部位。

⑤安全防护

现场操作人员必须按规定配戴防护用具。有毒、易燃的燃料、填缝材料摊铺时,其防毒、防火等应按有关规定严格执行。

⑥其他

滑模摊铺机、搅拌楼、储油站、发电站、配电站等重要施工设备上应配备消防设施,确保防火安全。

工地所有施工设备、相关机具,在停工或夜间必须有专人值班保卫,严防原材料、机械、机具及零件等丢失。

(3)真空吸水作业中的安全要点

①认真检查真空吸水所有配套机具,电气设施、电源、开关等应有专人负责。

检查泵垫、脱水前,应打开真空泵机组水箱盖,向真空室注入清水,使水面与箱内管口相平或略高,调节搭接松紧,盖严箱盖,用3~4mm厚橡胶板堵住进水口,检查泵的空载真空度(应大于86.7~93.9kPa)。检查连接软管、吸垫表面、黏缝及管接头。如发现有损坏、漏气、阻塞时,要及时修补或更换。

②真空吸水作业时,严禁操作人员在吸垫上行走或将物件置压在吸垫上。检查、补漏亦不准穿硬底带钉的鞋子。

③吸垫存放、搬移时,应避免与带尖角的硬物接触。

④每班施工完毕,应将吸垫清洗干净,并冲洗真空泵箱内沉积物,排净存水。

(4)抹平机作业的安全要点

使用混凝土抹平机作业时,应确保抹平机的叶片光洁平整,并处于同一水平面,其连接螺栓应紧固不松动,并在无负荷状态下起动。电线要有专人收放,确保不打结、不砸压,如发现有异常现象应立即停机检查。

(5)切缝与养护的安全要点

①切缝机锯缝时,刀片夹板的螺母应紧固,各连接部位和安全防护罩应检查,必须完好正常。切缝前应先打开冷却水,冷却水中断时,应停止切缝。

切缝时,刀片要缓缓切入,并注意切入深度指示器。当遇有较大切割阻力时,应立即升起刀片检查。停止切缝时,应先将刀片提离板面后才可停止运转。

②薄膜养护的溶剂,一般具有毒性和易燃性等特性,应做好储运装卸的安全工作。应站在上风,穿戴安全防护用品。

(6)其他安全要点

水泥混凝土路面施工,不管采用哪种工艺方式,除上述的各项安全要点外,还必须注意以下几点:

①施工前,应进行安全生产教育,树立安全生产质量第一的思想。建立和健全安全生产管理制度,制定安全生产操作规程,工地应有领导分管安全生产工作,班组要有负责安全生产人员,并制定具体的安全生产手册,经常检查执行情况。

②施工现场必须做好交通安全工作,在不中断交通的情况下,应在施工现场设立明显标志,由专人守管和负责指挥,维持交通,确保施工和交通安全。

③施工机电设备,应有专人负责保管修理,确保安全生产。

④现场操作人员必须按规定配戴防护用品。有毒、易燃材料施工时执行有关规定。

⑤工地应有消防设施,并应处理好污水,做好环境保护工作。

第四节　其他施工作业中的安全要点

1. 机械碾压作业中的安全要点

(1)严禁在压路机没有熄火、下无支垫三角木的情况下进行机下检修。

(2)压路机应停放在平坦、坚实并对交通及施工作业无妨碍的地方。停放在坡道上时,前后轮应置垫三角木。

(3)压路机前后轮的刮板,应保持平整良好。碾轮刷油或洒水人员应与驾驶员密切配合,必须跟在碾轮行走的后方,并要注意压路机转向。

2. 旧路面凿除作业中的安全要点

(1)旧路面凿除宜有计划地分小段进行,以免妨碍交通,并应设置相关标志。

(2)用镐开挖旧路面时,应并排前进,左右间距应不少于2m,不得面对面使镐。所有工具应拼接牢靠,严防铁镐脱飞伤人。

(3)采用风动工具凿除旧路面时,应做到以下几点:

①认真检查,保证各部接头必须紧固,不漏气。胶皮管不得缠绕打结,并不得用折弯风管的办法作为断气的办法使用,也不得将风管置于胯下。

②风管通过过道,须挖沟将风管下埋。

③风管连接风包后要试送气,检查风管内有无杂物堵塞;送气时,要缓慢旋开阀门,不许可猛开。

④钎子插入风动工具后不得空打。

(4)采用机械破碎旧路面时,应设置施工标志,注意交通安全。施工时,应由专人统一指挥,操作范围内不应有人,铲刀切入过程不宜过深,推刀速度应缓慢,以杜绝任何事故的发生。

思考题

1. 路面基层、沥青路面及水泥混凝土施工中,应该注意哪些方面的安全问题?

2. 路面施工中,机械压实作业时应该注意哪些问题?

第八章　路面工程施工资料表及填写范例

学习目标

了解路面工程施工资料的特点、内容及要求。

本章重点

熟悉路面工程施工资料表的填写要求。

本章难点

学会填写路面工程施工资料表。

第一节　路面工程施工资料的特点、主要内容及填写要求

公路工程建设资料是工程建设过程中形成的各种形式的记录，它是与工程实体质量紧密结合在一起的。它既是反映工程质量的客观见证，又是对工程建设项目进行过程检查、质量评定和养护管理的依据。

近年来，随着我国工程建设行业的迅猛发展，公路建设工程资料管理以其鲜明的特点，正发挥着不可替代的作用：工程资料充分体现公路企业自身的综合管理水平；工程资料为建设管理者决策提供真实、直接的工程信息；工程资料为明确建设工程质量责任提供准确、直接的信息依据等。

1．路面工程施工资料的特点

路面工程项目多、工程量大、施工工期长，从施工准备开始至竣工验收，凡是与工程有关的活动都需要按规范、规程和标准的规定同步记录下来，形成施工资料。路面工程施工过程中形成的资料，主要具有以下几个方面的特点：

(1)原始性，真实性。施工资料是在施工过程中形成的，它是施工过程中的原始记录，应随工程进展同步进行整理，使施工资料的具体形成过程与外业施工过程同步进行，保证达到原始、真实、准确和有效的效果。绝对不可对原始资料的一些数据随意进行剔除或更改，更不能在工程完工后再填写“回忆录”。所以施工资料应与外业同步，完成的资料应规范、标准，并在工程竣（交）工验收前将施工资料按要求组卷、装订成册。

(2)技术性，专业性。规范、规程、标准和设计文件等，是施工资料编制的依据。施工资料的形成，应符合国家及地方相应的法律、法规、规范和规程，同时还应符合工程合同与设计文件等规定。在进行施工资料编制时，每一张表、每一个数据都要按相应的规范、规程和标准中的具体要求认真地检查和填写，保证施工资料的编制质量。

(3)完整性，时效性。从施工资料编制的重要意义可以看出，施工资料不齐全、不完整，就

不能指导施工和更不能反映所完工程的质量状况，工程也无法进行验收。所以施工资料必须齐全、完整。形成施工资料的时限很重要，只有保证时限，才能达到时效。施工资料必须做到随工程进展同步形成。如原材料在进场过程中，必须及时进行原材试验，及时进行试验资料的整理，以确定所进材料是否合格，避免不合格材料进场。标准试验的时间限制更重要，如水泥混凝土的配合比设计，必须限制在混凝土浇筑 28d 前完成，以保证试验一旦不成功，施工单位和监理工程师还有时间重新进行试验，用取得的准确数据指导施工。否则，因试验未完成而无法指导施工和控制施工质量，既耽误了工期，又造成了经济上的损失。同样，监理对施工资料的审批也必须在规定的最短时间内完成，如工序的检查验收试验，监理工程师必须及时进行签认，以免耽误下道工序的施工。

另外，工程的竣工验收也必须在施工资料的整理、汇总完成后，经过有关单位验收合格方可进行。所以施工资料的形成、报验和审批一定要有时限要求。

2. 路面工程施工资料的主要内容

路面工程施工资料，包括路面施工日志、路面施工记录和施工检测记录等，本章主要列举了路面施工日志表格样式及填写范例、沥青路面施工记录表样式及填写范例、水泥稳定碎石质量检验报告单样式及填写范例。其中，沥青路面施工记录表样式及填写范例包括以下 9 项内容：

(1)沥青混凝土出厂温度记录表；

(2)沥青混凝土到场温度记录表；

(3)沥青混凝土路面施工接缝记录表；

(4)沥青混凝土到场数量记录表；

(5)沥青混凝土摊铺现场松铺厚度记录表；

(6)沥青混凝土摊铺、碾压温度记录表；

(7)取芯厚度、压实度记录表；

(8)沥青混凝土厚度检查记录表；

(9)沥青混凝土质量现场检测报告单。

最后一项，是水泥稳定碎石基层现场质量检验报告单。

3. 路面施工记录表格的填写要求

路面施工记录表格的填写有如下要求：

(1)字迹清楚工整，用黑墨水笔或蓝黑墨水笔填写；

(2)应按路面施工实际情况，认真填写表格内的各项内容。

第二节 路面工程施工日志及填写范例

1. 路面施工日志表格

路 面 施 工 日 志

日 期：＿＿＿＿ 标 段：＿＿＿＿ 天 气：＿＿＿＿

沥青混凝土类型：＿＿＿＿ 施工段落：＿＿＿＿ HT-008

备注：

摊铺宽度(m)：	理论厚度(cm)：
平均厚度(cm)：	施工(m)：
施工用料(t)：	盈亏料(t)：
累计施工(m)：	累计用料(t)：
累计盈亏(t)：	

记录人： 负责人：

2. 路面施工日志填写范例

路 面 施 工 日 志

日 期：2007.6.11 标 段：C1.C2 天气：晴

沥青混凝土类型：AC-13 施工段落：K0+012~K0+670(左幅) HT-008

备注：

①道口用料250t；

②绿化带24t；

③余料10t；

④施工情况良好

摊铺宽度(m)：11.74	理论厚度(cm)：4.0
平均厚度(cm)：3.95	施工(m)：658
施工用料(t)：1 022.18	盈亏料(t)：盈10
累计施工(m)：658	累计用料(t)：1 022.18
累计盈亏(t)：盈10	

记录人： 负责人：

路 面 施 工 日 志

日　期：2007.6. 11　　标　段：C1. C2　　天气：晴

沥青混凝土类型：AC-13　　施工段落：K0 +670 ~ K1 +910(左幅)　　HT-008

备注：

①道口用料97t,桥面加宽,调平用料362t;
②起步2M,K1 +078,K1 +106三处跳车,后两处因为电脑出现故障

摊铺宽度(m)：11.74　　理论厚度(cm)：4.0

平均厚度(cm)：3.9　　施工(m)：1 240

施工用料(t)：1 855.42　　盈亏料(t)：盈35

累计施工(m)：2 136　　累计用料(t)：3 397.48

累计盈亏(t)：盈47

记录人：　　负责人：

第三节　路面工程施工记录表及填写范例

1. 沥青混凝土出厂温度记录表

(1)记录表样式：

高等级公路(××段)道路工程建设项目

沥青混凝土出厂温度记录表

日　　期：　　标　　段：　　天气：

沥青混凝土类型：　　施工段落：　　HT-001

序号	车号	温度(℃)	序号	车号	温度(℃)

备注：出厂温度标准为：＿＿＿＿；
　　超标温度应用红色填写并及时通知前台车号。

记录人：　　负责人：

（2）记录表填写范例：

高等级公路（××段）道路工程建设项目

沥青混凝土出厂温度记录表

日　　期：2007.6.11　　标　　段：C1　　天气：多云

沥青混凝土类型：AC-13　　施工段落：K0+670～K1+910左幅　　HT-001

序号	车号	温度（℃）	序号	车号	温度（℃）
1	34791	180			
2	32349	174			
3	32347	182			
4	32275	182			
5	34025	178			
6	34205	176			
7	34204	174			
8	32229	174			
9	57007	182			
10	57137	176			
11	7208	176			
12	60110	178			
13	59115	182			
14	52228	180			
15	55730	182			
16	57402	178			
17	59590	178			
18	54291	176			

备注：出厂温度标准为：170～185℃；

超标温度应用红色填写并及时通知前台车号。

记录人：　　　　负责人：

2. 沥青混凝土到场温度记录表

(1)记录表样式:

高等级公路(××段)道路工程建设项目

沥青混凝土到场温度记录表

日　　期:＿＿＿＿＿＿＿＿　　标　段:＿＿＿＿＿＿＿＿　　天气:＿＿＿＿＿＿

沥青混凝土类型:＿＿＿＿＿＿＿＿　　施工段落:＿＿＿＿＿＿＿＿　　HT-002

序　号	车　号	温　度(℃)	序　号	车　号	温　度(℃)

备注:到场温度标准为:＿＿＿＿＿＿＿＿;

超标温度应用红色填写并记录摊铺段落位置。

记录人:　　　　　　　　　　负责人:

(2)记录表填写范例:

高等级公路(××段)道路工程建设项目

沥青混凝土出厂温度记录表

日　　期: 2007.6.11　　标　　段: C1　　天气: 多云

沥青混凝土类型: AC-13　　施工段落: K0 +670 ~ K1 +910 左幅　　HT-002

序　　号	车　　号	温　度(℃)	序　　号	车　　号	温度(℃)
1	34791	174			
2	32349	170			
3	32347	172			
4	32275	168			
5	34025	176			
6	34205	173			
7	34204	170			
8	32229	171			
9	57007	172			
10	57137	170			
11	7208	171			
12	60110	168			
13	59115	172			
14	52228	170			
15	55730	172			

备注:出厂温度标准为: 165 ~ 185℃ ;

超标温度应用红色填写并记录摊铺段落位置。

记录人:　　负责人:

3. 沥青混凝土路面施工接缝记录表

(1)记录表样式：

高等级公路(××段)道路工程建设项目

施工接缝记录表

日　　期：＿＿＿＿＿＿　标　　段：＿＿＿＿＿＿　天气：＿＿＿＿

沥青混凝土类型：＿＿＿＿＿＿　施工段落：＿＿＿＿＿＿　HT-004

接缝桩号	摊铺机编号	摊铺机行走位置	仰角						切缝厚度（cm）			垫板厚度（cm）			加热时间（min）	加热温度(℃)
			上次摊铺机结束仰角		本次摊铺机起步仰角		本次摊铺机起步仰角		左	中	右	左	中	右		
			左	右	左	右	左	右								

接缝自我评定：

记录人：　　　　　　　　　　复核人：

(2)记录表填写范例：

高等级公路(××段)道路工程建设项目

施工接缝记录表

日　　期：2007.6.11　标　　段：C1、C2　天气：多云

沥青混凝土类型：AC－13 上面层　施工段落：K0＋670 左幅　HT-004

接缝桩号	摊铺机编号	摊铺机行走位置	仰角						切缝厚度（cm）			垫板厚度（cm）			加热时间（min）	加热温度(℃)
			上次摊铺机结束仰角		本次摊铺机起步仰角		本次摊铺机起步仰角		左	中	右	左	中	右		
K0＋670	03	超车道	左 11	右 12	左 11.5	右 12.5	左	右	4.4	4.5	4.5	0.8	0.8	0.8	31	93

接缝自我评定：

记录人：　　　　　　　　　　负责人：

4．沥青混凝土到场数量记录表

（1）记录表样式：

高等级公路（××段）道路工程建设项目

沥青混凝土到场数量记录表

日　　　期：＿＿＿＿＿＿　　标　　段：＿＿＿＿＿＿　　天气：

沥青混凝土类型：＿＿＿＿＿＿　　施工段落：＿＿＿＿＿＿　　HT-003

序号	车号	吨位（t）	合计（t）	厚度核算	序号	车号	吨位（t）	合计（t）	厚度核算

记录人：　　　　　　　　　　　　　　　　　　负责人：

（2）记录表填写范例：

高等级公路（××段）道路工程建设项目

沥青混凝土到场数量记录表

日　　　期：2007.6.11　　标　　段：C1、C2　　天气：阴

沥青混凝土类型：AC-13 上面层　　施工段落：K0＋670～K1＋910 左幅　　HT-003

序号	车号	吨位（t）	合计（t）	厚度核算	序号	车号	吨位（t）	合计（t）	厚度核算
1	34791	29.62	29.62						
2	32349	26.68	56.30						
3	32275	26.88	83.18						
4	32347	26.72	109.90						
5	34075	26.88	136.78						
6	32229	26.76	163.54						
7	34204	26.80	190.34						
8	57007	50.76	241.10						
9	34205	26.88	267	4.10					
10	57137	50.93	318.94						
11	7208	56.98	375.92						
12	59115	50.62	426.54						
13	60110	29.14	455.68						
14	52228	50.56	506.24						
15	57402	18.98	545.22						
16	55730	53.78	599.00						
17	59590	59.62	658.62						
18	8537	29.68	688.30						

记录人：　　　　　　　　　　　　　　　　　　负责人：

5．沥青混凝土摊铺现场松铺厚度记录表

（1）记录表样式：

高等级公路(××段)道路工程建设项目

沥青混凝土摊铺现场松铺厚度记录表

日　　　期：＿＿＿＿＿＿　　标　　段：＿＿＿＿＿＿　　天气：＿＿＿＿

沥青混凝土类型：＿＿＿＿＿＿　　施工段落：＿＿＿＿＿＿　　HT-005

松铺厚度检测点 平面位置示意图	

桩号	松铺厚度(cm)						摊铺速度 (m/min)	振捣 (级)	振动 (级)
	1	2	3	4	5	6			

备注：①此表应按实际认真填写，下面层检测频率为20m/断面，厚度要求＿＿＿＿，用红色填写为不合格点；中、上面层检测频率为20m/断面，厚度要求＿＿＿＿，用红色填写为不合格点；

②摊铺速度为：仪表速度/实际速度。

记录人：　　　　　　　　　　　　　　负责人：

(2)记录表填写范例:

高等级公路(××段)道路工程建设项目

沥青混凝土摊铺现场松铺厚度记录表

日　　期: 2007.6.11　　标　　段: C1、C2　　天气: 多云

沥青混凝土类型: AC-13 上面层　　施工段落: K0+670~K1+910(左幅)　　HT-005

松铺厚度检测点 平面位置示意图									
桩号	松铺厚度(cm)						摊铺速度 (m/min)	振捣 (级)	振动 (级)
	1	2	3	4	5	6			
K0+680	5	4.9	4.8	4.8	4.8	4.8	2.5/1.8	3.7	3.7
+700	4.9	4.8	4.8	4.8	4.9	4.9			
+720	4.8	4.8	4.8	4.8	4.8	4.8			
+740	5.2	5	4.9	4.9	4.8	4.8	4/3	4.3	4.3
+760	5	4.9	4.8	4.8	4.8	4.8			
+780	4.9	4.8	4.8	4.9	4.9	4.9			
+800	5.3	5	4.8	4.8	4.8	4.8			
+820	4.9	4.9	4.8	4.8	4.9	4.9			
+840	4.8	4.9	4.8	4.8	4.8	4.9	2.5/1.8	3.7	3.7
+860	5.2	5	4.8	4.8	4.8	4.8			
+880	5	4.9	4.8	4.8	4.8	4.8			
+900	5	4.9	4.9	4.8	4.8	4.8	4/3	4.3	4.3
+920	5.2	5.1	4.9	4.8	4.8	4.8			
+940	6	5.5	5.2	5	4.9	4.9			
+960	4.8	4.8	4.9	4.9	4.9	4.8			
+980	5	4.9	4.9	4.9	4.8	4.8			
K1+000	5.3	4.9	4.9	4.8	4.8	4.8			
+020	5	4.9	4.9	4.9	4.8	4.8			

备注:①此表应按实际认真填写,上面层检测频率为20m/断面,厚度要求 4.8±0.2 ,用红色填写为不合格点;
②摊铺速度为:仪表速度/实际速度。

记录人:　　　　　　　　负责人:

6. 沥青混凝土摊铺、碾压温度记录表

(1)记录表样式:

高等级公路(××段)道路工程建设项目

沥青混凝土摊铺、碾压温度记录表

日　　　期:________　　标　　段:________　　天气:______

沥青混凝土类型:________　　施工段落:________　　HT-006

桩　号	摊铺温度(℃)	初压温度(℃)	终压温度(℃)

备注:碾压断面长度一般为______,初压原则为紧跟摊铺机碾压;

摊铺温度:______,初压温度:______,终压温度:______,红色填写为不合格点。

记录人:　　　　　　　　　　负责人:

(2)记录表填写范例:

高等级公路(××段)道路工程建设项目

沥青混凝土摊铺、碾压温度记录表

日　　　期:2007.6.11　　标　　段:C1、C2　　天气:阴

沥青混凝土类型:AC-13 上面层　　施工段落:K0+670~K1+910(左幅)　　HT-006

桩　号	摊铺温度(℃)	初压温度(℃)	终压温度(℃)
K0+670	151	145	
+710	153	147	88
+760	150	146	
+800	158	150	90
+840	160	153	
+880	161	154	93
+920	163	157	
+960	160	153	94
K0+000	165	158	
+040	160	155	93
+080	164	150	
+170	164	156	94

备注:碾压断面长度一般为30~50cm,初压原则为紧跟摊铺机碾压;

摊铺温度:>160℃,初压温度:>150℃,终压温度:>90℃,红色填写为不合格点。

记录人:　　　　　　　　　　负责人:

7. 取芯厚度、压实度记录表

(1)记录表样式:

高等级公路(××段)道路工程建设项目

取芯厚度、压实度记录表

日　　期:＿＿＿＿＿　　标　　段:＿＿＿＿＿　　天气:＿＿＿

沥青混凝土类型:＿＿＿＿＿　　施工段落:＿＿＿＿＿　　HT-007

取芯桩号	平面位置	厚度(cm)	压实度(%)	备　注
	距中桩或边桩距离(m)			

说明:压实度要求为97%,厚度要求为设计厚度＿＿＿＿,压实度、厚度结果中用红色填写为不合格点。

填表人:　　　　　　　　　　复核人:

(2)记录表填写范例:

高等级公路(××段)道路工程建设项目

取芯厚度、压实度记录表

日　　期:2007.6.11　　标　　段:C1　　天气:晴

沥青混凝土类型:AC-13C　　施工段落:K0+660~K0+910左幅　　HT-007

取芯桩号	平面位置	厚度(cm)	压实度(%)	备　注
	距中桩或边桩距离(m)			
K0+800	距中桩1.7m	5.2/16.1	97.6	
K1+040	距边桩2.0m	4.1/15.0	98.0	
K1+650	距中桩2.5m	4.0/16.0	98.3	
				K1+059.4~K1+490.4(左幅)
				K1+726.7~K1+826.7(左幅)
				这两段为桥面

说明:压实度要求为97%,厚度要求为设计厚度 3.9~4.1cm ,压实度、厚度结果中用红色填写为不合格点。

填表人:　　　　　　　　　　复核人:

8. 沥青混凝土厚度检查记录表

(1)记录表样式:

高等级公路(××段)道路工程建设项目

沥青混凝土厚度检查记录表

施工段落:＿＿＿＿＿＿ 天气:＿＿＿＿ 沥青混凝土类型:＿＿＿＿＿＿＿

日　期	桩　号	厚度(cm)	机　位　号	检查结果

备注:机位号为摊铺机号。

填表人: 复核人:

(2)记录表填写范例:

高等级公路(××段)道路工程建设项目

沥青混凝土厚度检查记录表

施　工　段　落:K5+740~K6+555(左) 天气:晴

沥青混凝土类型:AC-25F(再生)

日　期	桩　号	厚度(cm)	机　位　号	检查结果
07.11.10	K5+805(左)	6.7	2	合格
07.11.10	K5+950(左)	7.0	1	合格
07.11.10	K6+140(左)	6.8	2	合格
07.11.10	K6+300(左)	7.2	1	合格
07.11.10	K6+450(左)	7.0	2	合格

备注:机位号为摊铺机号。1号机摊铺机机位检测2个点,
2号机摊铺机机位检测3个点

填表人: 复核人:

9．沥青混凝土质量现场检测报告单

（1）记录表样式：

高等级公路（××段）道路工程建设项目

沥青混凝土质量现场检测报告单

日　　期：________　　标　　段：________　　天气：________

沥青混凝土类型：________　　施工段落：________

<table>
<tr><th colspan="2">检测项目</th><th>负责人</th><th colspan="4">检测结果</th><th>质量要求</th><th>备注</th></tr>
<tr><td colspan="2" rowspan="2">混合料出场温度</td><td rowspan="2"></td><td>总数量</td><td>不合格</td><td colspan="2">合格率</td><td rowspan="2">170～185℃</td><td rowspan="2"></td></tr>
<tr><td></td><td></td><td colspan="2"></td></tr>
<tr><td colspan="2" rowspan="2">混合料到场温度</td><td rowspan="2"></td><td>总数量</td><td>不合格</td><td colspan="2">合格率</td><td rowspan="2">165～185℃
超过195℃废弃</td><td rowspan="2"></td></tr>
<tr><td></td><td></td><td colspan="2"></td></tr>
<tr><td colspan="2" rowspan="2">沥青混凝土到场数量</td><td rowspan="2"></td><td>总数量</td><td>平均厚度</td><td>余料</td><td>亏料</td><td rowspan="2"></td><td rowspan="2"></td></tr>
<tr><td></td><td></td><td></td><td></td></tr>
<tr><td colspan="2">沥青混凝土接缝记录</td><td></td><td colspan="4"></td><td></td><td></td></tr>
<tr><td colspan="2" rowspan="2">沥青混凝土现场虚铺厚度</td><td rowspan="2"></td><td>总点数</td><td>不合格</td><td colspan="2">合格率</td><td rowspan="2">≥3.8cm
≤4.2cm</td><td rowspan="2"></td></tr>
<tr><td></td><td></td><td colspan="2"></td></tr>
<tr><td colspan="2" rowspan="2">沥青混凝土摊铺、碾压厚度</td><td rowspan="2"></td><td>总点数</td><td>不合格</td><td colspan="2">合格率</td><td rowspan="2">初压为紧跟碾压，要求＞150℃，终压＞90℃</td><td rowspan="2"></td></tr>
<tr><td></td><td></td><td colspan="2"></td></tr>
<tr><td rowspan="4">钻孔取芯</td><td rowspan="2">厚度</td><td rowspan="2"></td><td>总点数</td><td>不合格</td><td colspan="2">合格率</td><td rowspan="2">≥3.9cm
≤4.1cm</td><td rowspan="2"></td></tr>
<tr><td></td><td></td><td colspan="2"></td></tr>
<tr><td rowspan="2">压实度</td><td rowspan="2"></td><td>总点数</td><td>不合格</td><td colspan="2">合格率</td><td rowspan="2">≥97%</td><td rowspan="2"></td></tr>
<tr><td></td><td></td><td colspan="2"></td></tr>
</table>

填表人：　　日期：　　复核人：　　日期：

工程公司经理	项目总工	项目经理
签字： 意见：	签字： 意见：	签字： 意见：

(2)记录表填写范例：

高等级公路(××段)道路工程建设项目

沥青混凝土质量现场检测报告单

日　　　　期：2007.6.11　　　　标　　段：C1 C2　　　　天气：多云

沥青混凝土类型：AC-13 上面层　　　　施工段落：K0+670~K1+910

<table>
<tr><th colspan="2">检 测 项 目</th><th>负 责 人</th><th colspan="4">检 测 结 果</th><th>质 量 要 求</th><th>备注</th></tr>
<tr><td colspan="2" rowspan="2">混合料出场温度</td><td rowspan="2">李梅</td><td>总数量</td><td>不合格</td><td colspan="2">合格率</td><td rowspan="2">170~185℃</td><td rowspan="2"></td></tr>
<tr><td>47</td><td>2</td><td colspan="2">95.7%</td></tr>
<tr><td colspan="2" rowspan="2">混合料到场温度</td><td rowspan="2">杨磊</td><td>总数量</td><td>不合格</td><td colspan="2">合格率</td><td rowspan="2">165~185℃
超过195℃废弃</td><td rowspan="2"></td></tr>
<tr><td>47</td><td>1</td><td colspan="2">97.9%</td></tr>
<tr><td colspan="2" rowspan="2">沥青混凝土到场数量</td><td rowspan="2">陈峰</td><td>总数量</td><td>平均厚度</td><td>余料</td><td>亏料</td><td rowspan="2"></td><td rowspan="2"></td></tr>
<tr><td>1 855.49</td><td>3.9cm</td><td>35</td><td></td></tr>
<tr><td colspan="2">沥青混凝土接缝记录</td><td>陈君</td><td colspan="4"></td><td></td><td></td></tr>
<tr><td colspan="2" rowspan="2">沥青混凝土现场虚铺厚度</td><td rowspan="2">陈君</td><td>总点数</td><td>不合格</td><td colspan="2">合格率</td><td rowspan="2">≥3.8cm
≤4.2cm</td><td rowspan="2"></td></tr>
<tr><td>378</td><td>63</td><td colspan="2">83.3</td></tr>
<tr><td colspan="2" rowspan="2">沥青混凝土摊铺、碾压厚度</td><td rowspan="2">毛浩</td><td>总点数</td><td>不合格</td><td colspan="2">合格率</td><td rowspan="2">初压为紧跟碾压，
要求>150℃，
终压>90℃</td><td rowspan="2"></td></tr>
<tr><td>79</td><td>10</td><td colspan="2">87.3</td></tr>
<tr><td rowspan="4">钻孔取芯</td><td rowspan="2">厚度</td><td rowspan="2">胡永</td><td>总点数</td><td>不合格</td><td colspan="2">合格率</td><td rowspan="2">≥3.9cm
≤4.1cm</td><td rowspan="2"></td></tr>
<tr><td>3</td><td>0</td><td colspan="2">100</td></tr>
<tr><td rowspan="2">压实度</td><td rowspan="2">胡永</td><td>总点数</td><td>不合格</td><td colspan="2">合格率</td><td rowspan="2">≥97%</td><td rowspan="2"></td></tr>
<tr><td>3</td><td>0</td><td colspan="2">100</td></tr>
</table>

填表人：李扬　　　　日期：2007.6.11　　　　复核人：张兵　　　　日期：2007.6.11

<table>
<tr><th>工程公司经理</th><th>项目总工</th><th>项目经理</th></tr>
<tr><td>签字：陈小亮
意见：</td><td>签字：丁涛
意见：</td><td>签字：王世宏
意见：</td></tr>
</table>

10. 水泥稳定碎石基层现场质量检验报告单

(1)记录表样式:

××× 国道 ×× 段扩建工程项目

承包单位________________　　合同号________________

监理单位________________　　编　号________________

水泥稳定碎石基层现场质量检验报告单

工程名称			施工时间	
里程桩号			检验时间	
项次	检验项目	规定值和容许偏差	检验结果	检验频率和方法
1	压实度(%)	≥98		
2	平整度(mm)	8		
3	纵断高程(mm)	+5,-10		
4	宽度(mm)	不小于设计		
5	厚度(mm)	-8		
6	横坡(%)	±0.3		
7	强度(MPa)	3~5		
8	水泥剂量(%)	±0.5		
9	碎石级配	符合级配要求		
10	含水率(%)	±2		

外观评价:

结论:

□合格　　□不合格

监理工程师:　　年　月　日

承包人:　　年　月　日

(2)记录表填写范例：

×××国道××段扩建工程项目

承包单位：××市东部路桥有限公司　　　　合同号：N-C1 标

监理单位：××工程咨询监理有限公司　　　　编　号：

水泥稳定碎石基层现场质量检验报告单

D-3-27

工 程 名 称		水泥稳定碎石基层	施 工 时 间	2008-5-9
里程桩号		K276 +600 ~ K277 +030 左幅下基层	检验时间	2008-5-12
项次	检验项目	规定值和容许偏差	检验结果	检验频率和方法
1	压实度(%)	≥98	见试表 104-8	灌砂:4 处/200m/车道
2	平整度(mm)	8	见 D-1-3	3m 直尺:2 处(10 尺)/200m
3	纵断高程(mm)	+5，-10	见 D-1-1	水准仪:1 断面(3 ~5 点)/20m
4	宽度(mm)	不小于设计	见 D-1-4	尺量:1 处/40m
5	厚度(mm)	-8	见 D-1-5	挖坑:1 处(3 点)/200m/车道
6	横坡(%)	±0.3	见 D-1-2	水准仪:3 断面/100m
7	强度(MPa)	3 ~5	见试表 302-1	7d 浸水:2 组/d
8	水泥剂量(%)	±0.5	见试表 303-1	EDTA 滴定:6 点/2 000m^2
9	碎石级配	符合级配要求	见试表 404	水洗筛分:1 次/2 000m^2
10	含水率(%)	±2	见试表 301	烘干法:随时

外观评价：

①表面平整密实,无浮石、弹簧现象；

②无明显压路机轮迹。

结论：

☐合格　　　　☐不合格

监理工程师：　　　　年　月　日

承包人：　　　　年　月　日

参考文献

[1] 王秉纲,郑木莲. 水泥混凝土路面设计与施工. 北京:人民交通出版社,2003.
[2] 郝培文. 沥青路面施工与维修技术. 北京:人民交通出版社,2000.
[3] 姚祖康. 公路排水设计手册. 北京:人民交通出版社,2002.
[4] 傅智,金志强. 水泥混凝土路面施工与养护技术. 北京:人民交通出版社,2003.
[5] 姚祖康. 水泥混凝土路面设计理论和方法. 北京:人民交通出版社,2003.
[6] 尤晓,王梓夫. 现代道路路基路面工程. 北京:清华大学出版社,2004.
[7] 伍石生. 低噪声沥青路面设计与施工养护. 北京:人民交通出版社,2005.
[8] 孙德栋,彭波. 沥青路面设计与施工技术. 郑州:黄河水利出版社,2003.
[9] 梁乃兴,韩森,屠书荣. 现代路面与材料. 北京:人民交通出版社,2003.
[10] 姚祖康. 路面(第二版). 北京:人民交通出版社,1998.
[11] 张登良. 沥青路面工程手册. 北京:人民交通出版社,2004.
[12] 沙庆林. 高等级公路半刚性基层沥青路面. 北京:人民交通出版社,1999.
[13] 黄晓明,吴少鹏. 沥青与沥青混合料. 南京:东南大学出版社,2002.
[14] 美国沥青协会. 高性能沥青路面基础参考手册. 北京:人民交通出版社,2005.
[15] 李继业,郭玉起. 道路建筑材料. 北京:科学出版社,2004.
[16] 沙庆林. 高速公路沥青路面早期破坏现象及预防. 北京:人民交通出版社,2003.
[17] 邓学钧. 路基路面工程. 北京:人民交通出版社,2000.
[18] 中华人民共和国行业标准. JTG F40—2004 公路沥青路面施工技术规范. 北京:人民交通出版社,2004.
[19] 中华人民共和国行业标准. JTG F30—2003 公路水泥混凝土路面施工技术规范. 北京:人民交通出版社,2003.
[20] 中华人民共和国行业标准. JTJ 034—2000 公路路面基层施工技术规范. 北京:人民交通出版社,2000.
[21] 姜远文,唐平英. 道路工程测量. 北京:机械工业出版社,2002.
[22] 钟孝顺,聂让. 测量学. 北京:人民交通出版社,1997.
[23] 潘威. 公路工程实用施工放样技术. 北京:人民交通出版社,2004.
[24] 韩山农. 公路工程施工测量. 北京:人民交通出版社,2004.
[25] 金桃,张美珍. 公路工程检测技术. 北京:人民交通出版社,2002.
[26] 中华人民共和国行业标准. JTG F80/1—2004 公路工程质量检验评定标准(第一册 土建工程). 北京:人民交通出版社,2004.
[27] 严家伋. 道路建筑材料. 北京:人民交通出版社,2002.
[28] 李继业,郭玉起. 道路建筑材料. 北京:科学出版社,2004.
[29] 申爱琴. 水泥与水泥混凝土. 北京:人民交通出版社,2000.
[30] 李福普,沈金安. 公路沥青路面施工技术规范实施手册. 北京:人民交通出版社,2005.
[31] 赵新庄,祁贵珍. 公路施工机械. 北京:人民交通出版社,2002.
[32] 中国公路学筑路机械学会. 沥青路面施工机械与机械化施工. 北京:人民交通出版社,1999.

[33] 何挺继. 筑路机械手册. 北京:人民交通出版社,1998.
[34] 郑训,等. 路基与路面机械. 北京:机械工业出版社,2001.
[35] 孙江. 公路路面基层施工. 北京:人民交通出版社,2001.
[36] 邵明建. 沥青路面机械化施工技术与质量控制. 北京:人民交通出版社,2001.
[37] 沈全安. 改性沥青与 SMA 路面. 北京:人民交通出版社,1999.
[38] 刘中林,等. 高等级公路沥青混凝土路面新技术. 北京:人民交通出版社,2002.
[39] 中华人民共和国行业标准. JTJ/T 073.1—2000 公路水泥混凝土路面滑模施工技术规程. 北京:人民交通出版社,2000.
[40] 郇文山. 水泥混凝土路面工程. 北京:人民交通出版社,2005.
[41] 徐培华. 高等级公路路基路面施工质量控制技术. 北京:人民交通出版社,2005.
[42] 傅智. 水泥混凝土路面滑模施工技术. 北京:人民交通出版社,2000.
[43] 北京市市政工程局. 市政工程施工手册第二卷《专业施工技术》. 北京:中国建筑工业出版社,1995.
[44] 中华人民共和国行业标准. JTJ/T 073.1—2000 公路水泥混凝土路面滑模施工技术规程. 北京:人民交通出版社,2000.
[45] 梁金江. 公路工程管理. 北京:人民交通出版社,2002.
[46] 李辉,蒋宁生. 工程施工组织设计编制与管理. 北京:人民交通出版社,2002.
[47] 中华人民共和国交通行业标准. JTJ 073.1—2001 公路水泥混凝土路面养护技术规范. 北京:人民交通出版社,2001.
[48] 中华人民共和国行业标准. JTJ 073.2—2001 公路沥青路面养护技术规范. 北京:人民交通出版社,2001.
[49] 金志强. 水泥混凝土路面养护维修手册. 北京:人民交通出版社,2003.
[50] 李世华. 道路桥梁维修技术手册. 北京:中国建筑工业出版社,2003.
[51] 姜云焕. 改性稀浆封层施工技术. 北京:石油工业出版社,2001.
[52] 周传林. 公路养护技术与管理. 北京:机械工业出版社,2005.
[53] 虎增福. 乳化沥青及稀浆封层技术. 北京:人民交通出版社,2001.
[54] 高建立. 高速公路沥青路面养护关键技术与工程实例. 北京:人民交通出版社,2006.
[55] 郭忠印. 沥青路面施工与养护技术. 北京:人民交通出版社,2003.
[56] 赵茂才. 水泥混凝土路面板下脱空封堵设计理论与处治技术. 哈尔滨:哈尔滨工业大学出版社,2003.
[57] 李世华. 道路桥梁养护手册. 北京:中国建筑工业出版社,2002.